CW01663173

Jak zachęcić 2-latka do mówienia?

Dla mojej córki – Weroniki

Marzena Bekus-Richane

Jak zachęcić 2-latka do mówienia?

LOGOPEDYCZNY PORADNIK DLA RODZICÓW

impuls
Kraków 2017

Recenzentki:
dr Grażyna Pietruszewska-Kobiela
mgr Grażyna Sklarzyk

Redakcja wydawnicza:
Joanna Kosturek

Opracowanie typografi czne:
Anna Bugaj-Janczarska

Ilustracje:
Magdalena Dychto

Fotografie:
Marzena Bekus-Richane

Projekt okładki:
Anna M. Damasiewicz

Na okładce wykorzystano rysunek
Magdaleny Dychto

Druk i oprawa:
Sowa – druk na życzenie®

ISBN 978-83-8095-377-2

Ofi cyna Wydawnicza „Impuls"
30-619 Kraków, ul. Turniejowa 59/5
tel./fax: (12) 422 41 80, 422 59 47, 506 624 220
www.impulsofi cyna.com.pl, e-mail: impuls@impulsofic yna.com.pl
Wydanie II, Kraków 2017

Spis treści

Wstęp 7

Rozdział I
Dwulatek – jego rozwój i emocje 9

Rozdział II
„Wszędzie go pełno" – czy tak powinno być? 19

Rozdział III
Nasze dziecko nie mówi – czy już należy się martwić? 25

Rozdział IV
Normy rozwoju mowy dla dwulatka 35

Rozdział V
„Nie jestem blamkaziem, tylko kapitaziem",
czyli monologi i dialogi małej Ani 43

Rozdział VI
Od gryzienia do mówienia 49

Rozdział VII
Pobudzamy zmysły 55

Rozdział VIII
Dźwięki i ich znaczenie 61

Rozdział IX
Proste zabawy i dobór odpowiednich pomocy 65

Rozdział X
A co z telewizją i komputerem? 85

Rozdział XI
Miłość dobra na wszystko! 87

Zakończenie 89

Bibliografia 91

Aneks 93

W dzieciństwie niewiele zależy od nas,
wiele zaś od tych, którzy są z nami.
(prof. B. Rocławski)

Wstęp

Czas, w którym w rodzinie ma się pojawić dziecko, jest niezwykły dla rodziców, pełen oczekiwań, niepewności, a często niespodzianek. Na początku oczywiście najważniejsze jest zdrowie maleństwa i od pierwszych dni wszyscy dbają o jego prawidłowy rozwój. W miarę upływu czasu, w sposób naturalny i instynktowny, oczekujemy pojawiania się następnych etapów rozwojowych. Karmienie i wydalanie, kąpiel, sen – to tematy najczęściej poruszane przez młodych rodziców, szczególnie przez mamy. Ale kiedy mija pierwsze oszołomienie, przyglądamy się uważniej dziecku i zauważamy wtedy jego oznaki emocjonalnego kontaktu z nami i otaczającym je światem. A są to uśmiech, grymas twarzy, wodzenie wzrokiem za mamą czy zabawką. Później oczekujemy pierwszych prawidłowych ruchów, unoszenia główki, przewracania się na boki. Te pierwsze oznaki prawidłowego rozwoju uspokajają rodziców, że wszystko jest w porządku. Kiedy maluch zaczyna siedzieć, raczkować, a później chodzić, staje się małym człowiekiem, coraz wyraźniej demonstrującym cechy swojej przyszłej osobowości, która na pewno będzie niepowtarzalna. Traktowanie każdego dziecka jako indywidualności jest obecnie powszechną tendencją, sygnalizowaną we wszystkich najnowszych pracach dotyczących zagadnień rozwoju psychofizycznego i emocjonalnego dziecka. Oczywiście w rozwoju tym bardzo istotną rolę odgrywa prawidłowy rozwój mowy. Matki na całym świecie przemawiają do swoich dzieci w podobny sposób, nachylając się, szczebiocząc, podnosząc intonację głosu, który przypomina rytmiczną melodię o wysokich tonach. Naukowcy już dawno stwierdzili, że wpływa to doskonale na utrzymanie emocjonalnego kontaktu z dzieckiem i zachęca je do wydawania dźwięków. Natura wyposażyła człowieka w wiele cudownych odruchów i uzdolnień, których potrafi on używać w sposób instynktowny. Kiedy dziecko już chodzi, wymawia pierwsze słowa, oczekiwania rodziców co do jego umiejętności są coraz większe. Dwulatek jest już bardzo sprawny pod względem ruchowym, ale pragniemy się z nim również komunikować. Kiedy mówi mało, zaczynamy się martwić i zwykle porównujemy go z rówieśnikami. Wówczas nasze obawy i zdenerwowanie zwykle się pogłębiają. Nasuwają się wówczas następujące pytania: Czy moje dziecko rozwija się prawidłowo? Czy trzeba się już wybrać do logopedy? U jakiego specjalisty szukać pomocy? Jak długo czekać, aż mowa w naturalny sposób się rozwinie? Jaka jest norma dotycząca rozwoju mowy dla dwulatka? Czy taka norma istnieje? Jak rodzice lub opiekunowie mogą pomóc dziecku, które mówi bardzo niewiele?

Są to pytania, które najczęściej zadają sobie rodzice, którzy znaleźli się w takiej sytuacji. Nie muszą być znawcami psychologii rozwojowej, nie ma również szkół dla „perfekcyjnych rodziców". Będąc rodzicami, kierując się dobrem dziecka, miłością, popełniamy wiele błędów – oczywiście takich sytuacji nie da się uniknąć. Ale zawsze warto wiedzieć, co na temat rozwoju mowy ma do powiedzenia współczesna logopedia – dziedzina interdyscyplinarna, która w ciągu ostatnich lat bardzo się rozwinęła, korzystając z osiągnięć i odkryć neurologicznych.

Mam nadzieję, że poradnik odpowie na te pytania i będzie służył pomocą rodzicom – mogą oni bowiem w rozwoju mowy swojego dziecka odegrać bardzo dużą rolę oraz stać się pierwszymi i najważniejszymi terapeutami. Uważam, że uświadomienie pewnych zjawisk, ich wyjaśnienie i zrozumienie jest najlepszą motywacją i zachętą do działania.

Współcześni rodzice chcą być świadomymi rodzicami, często informacji poszukują w Internecie, fachowych publikacjach, wymieniają się wiedzą na portalach społecznościowych. Ten poradnik jest właśnie dla nich!

Rozdział I

Dwulatek – jego rozwój i emocje

Specjaliści zajmujący się psychologią rozwojową dzieci zwracają uwagę na dwa podstawowe aspekty – tzw. rozwój psychomotoryczny oraz rozwój skokowy. W przypadku pierwszego terminu w dużym skrócie można powiedzieć, że chodzi o to, że rozwój psychiczny (umysłowy) dziecka jest bardzo ściśle powiązany z jego rozwojem ruchowym. Pojęcie rozwoju skokowego, nieharmonijnego, oznacza zaś dość szybkie – a często niespodziewane – przejście z jednego etapu rozwojowego do następnego. Oczywiście badacze na przestrzeni ostatnich lat ustalili pewne normy rozwojowe dla poszczególnych grup wiekowych. Jednak wszyscy podkreślają fakt, że ustalenia te dotyczą tzw. średniej normy rozwojowej, a w każdej z grup wiekowych mogą się znajdować dzieci, które jeszcze nie są na odpowiednim etapie lub dawno go przekroczyły. Każde dziecko jest indywidualnością i rozwija się we własnym tempie. Pewne wyznaczniki i tzw. normy służą temu, aby monitorować, bacznie obserwować dziecko i w odpowiednim momencie udzielić mu pomocy i wsparcia. Najważniejszą rolę będą odgrywać tu rodzice, którzy najlepiej znają swoje dziecko i są bardzo bystrymi obserwatorami; nie bez znaczenia są również intuicja oraz instynkt macierzyński. Opinie i spostrzeżenia rodziców powinny być dla lekarzy i terapeutów najważniejszymi informacjami.

W latach pięćdziesiątych ubiegłego wieku w Stanach Zjednoczonych dr Arnold Gesell założył Instytut dla Dzieci (działający nadal).

Był on zwolennikiem teorii mówiącej, że dziecko rozwija się według pewnych wzorców, w wysoce przewidywalny sposób.

> Dzieci zachowują się tak, a nie inaczej w znacznym stopniu dlatego, że są tak, a nie inaczej zbudowane. Ludzie różniący się budową fizyczną, różnią się zachowaniem nawet, jeśli wzrastali w tym samym środowisku[1].

Jest to teoria, która łączy osobowość z budową fizyczną. To podejście zyskało nazwę psychologii konstytucjonalnej.

Zgodnie z tą teorią ludzi można podzielić ze względu na predyspozycje fizyczne na: endomorfików, mezomorfików i ektomorfików. Endomorficy mają rozbudowany układ trawienny, zazwyczaj zaokrąglone kształty. Ich zachowanie cechuje duża swoboda i umiłowanie wygód. Są bardzo towarzyscy, kochają jedzenie i ludzi, są żądni uczuć. Mezomorficy mają duże kości, dobrze rozwinięte serce i układ krążenia oraz silne muskuły. Są twardzi, wyprostowani i mocni. W ich zachowaniu widoczna jest żywiołowa, fizyczna pewność siebie. Lubią wysiłek fizyczny i aktywne życie, chcą dominować. Ektomorficy są szczupli, delikatni, o płaskiej klatce piersiowej i długich, chudych, słabo umięśnionych kończynach. W ich zachowaniu dominuje zahamowanie, nadwrażliwość i chęć ukrycia się.

Oczywiście należy podkreślić, że nikt nie ma bezwzględnie wszystkich cech jednego typu, ale u każdego człowieka można zauważyć cechy dominujące. Różnice w zachowaniu tych trzech typów widoczne są w sposobie spania czy reakcjach emocjonalnych.

Drodzy Rodzice, poobserwujcie swoje dzieci! Przykładem niech będzie spanie. Dzieci różnią się między sobą zapotrzebowaniem na ilość snu, jego głębokością, tym, czy śpią spokojnie czy niespokojnie, jak również szybkością zasypiania i rozbudzania. Endomorficy kochają spać, ich sen jest głęboki i bezproblemowy, zasypiają szybko i łatwo, potrafią spać w każdej pozycji, w nocy trudno ich dobudzić. Mezomorficy mają niewielkie zapotrzebowanie na sen, są z natury rannymi ptaszkami. Mogą spać sześć godzin na dobę i kipią energią. Zasypiają łatwo, śpią dobrze, choć energicznie. Ektomorficy to dzieci, które

---

[1] F.L. Ilg, L.B. Ames, S.M. Baker, *Rozwój psychiczny dziecka od 0 do 10 lat. Poradnik dla rodziców, psychologów i lekarzy*, Gdańskie Wydawnictwo Psychologiczne, Sopot 2013, s. 10.

trudno zapędzić do łóżka. Ich sen jest lekki, nie przynosi pełnego wypoczynku, a nawyki związane ze spaniem są nieregularne i zmienne. Często śnią, łatwo się męczą i potrzebują snu dwa razy więcej niż pozostałe typy. Podczas snu potrzebują ciszy i spokoju.

Logoporady i nie tylko

- *Jeżeli u Twojego dziecka przeważają cechy ektomorfika, zadbaj o to, aby dobrze i w odpowiednich warunkach się wysypiało, ponieważ potrzebuje więcej snu niż inne dzieci.*
- *Pamiętaj – sen dla dwulatka jest bardzo ważny, podczas spania regeneruje się cały organizm, rozwija się prawidłowo układ nerwowy, który jest niezbędny do prawidłowego rozwoju mowy.*

Drugim ważnym fizjologicznym aspektem prawidłowego rozwoju dziecka jest apetyt i zapotrzebowanie na jedzenie.

Dzieci szczupłe, wrażliwe i kruche (ektomorficy) jedzą mało i wydaje się, że w ogóle nie przybierają na wadze. Ich rodzice ciągle się martwią, że będą chore, i próbują wmuszać w nie jedzenie. Każde dziecko ma swoje indywidualne potrzeby i upodobania. Ektomorficy (to często osoby, które w dzieciństwie cierpiały na kolkę) mają małe żołądki i lepiej przyjmują posiłki w niewielkich ilościach, za to częściej. Te dzieci – jeżeli odczuwają głód – to ostry i gwałtowny (powinny wówczas coś przekąsić). Endomorfik prawie nigdy nie będzie sprawiał kłopotów swoim jedzeniem, ten typ charakteryzuje się umiłowaniem jedzenia. Mezomorficy lubią dobre jedzenie i często jedzą za dużo.

Logoporady i nie tylko

- *Dla niejadka należy przyrządzać posiłki tak, by były atrakcyjne pod względem wizualnym (kolorowe, ułożone w ciekawe kształty).*
- *Na talerzu powinny się znajdować małe porcje, duże zniechęcają niejadka do posiłku.*
- *Nie zmuszaj dziecka do jedzenia, ale umiejętnie zachęcaj, dbaj o luźną, wesołą atmosferę.*
- *Pozwalaj jeść to, co lubi (oczywiście oprócz nadmiaru słodyczy i fast foodów), nie poganiaj, mówiąc: „Jedz szybko", „Nie mam czasu", „Muszę jeszcze...".*
- *Zachęcaj dwulatka do gryzienia pokarmów, ćwiczy on w ten sposób narządy artykulacyjne (wargi, język, zęby), potrzebne do mówienia.*

W 2. roku życia temperament zaczyna się dość wyraźnie określać, ponieważ kształtuje się osobowość dziecka. Do 18. miesiąca mały człowiek jest nierozerwalnie związany z matką. Między 18. a 30. miesiącem zaczyna wyraźnie wyodrębniać siebie. Mówi o sobie „ja", zauważa i rozpoznaje siebie w lustrze. Ulubione słowa dwulatka, które świadczą o jego budującej się odrębności i samodzielności, to: „ja sam". Powoli poznajemy, kim jest nasz dwulatek. Cechy osobowości decydują również o zdolności dziecka do wykonywania nieznanych mu dotąd zadań i radzenia sobie z nowymi okolicznościami. Szczególnie trafne wydaje mi się określenie dwulatków przez Tracy Hogg[2], która ze względu na dobrze opanowaną umiejętność chodzenia oraz dużą ruchliwość nazwała je „chodziaczkami". Ze względu na rodzaj temperamentu podzieliła natomiast dwuletnie dzieci na kilka grup: Aniołki, Wrażliwce, Żywczyki, Średniaczki i Poprzeczniaczki.

Aniołek był kiedyś spokojnym i pogodnym niemowlakiem. Jako dwulatek ma anielskie usposobienie – jest to zazwyczaj dziecko bardzo towarzyskie, przystosowuje się dobrze do większości sytuacji. Często zaczyna mówić wcześniej niż rówieśnicy, a przynajmniej wyraźniej komunikuje swoje potrzeby. W zabawie potrafi długo koncentrować się na jednym zadaniu. Kiedy czegoś nie może otrzymać, łatwo odwrócić jego uwagę.

Średniaczek osiąga poszczególne fazy rozwoju zgodnie z książkowymi regułami. Kocha uregulowany plan dnia, ma pogodne usposobienie. Najlepiej czuje się we własnym środowisku.

Wrażliwiec wolno przystosowuje się do nowych sytuacji; lubi, gdy jego świat jest uporządkowany; kiedy się czymś zajmie, nie znosi, gdy ktoś mu przerywa – zaczyna wówczas płakać. Takie dzieci określa się jako „nieśmiałe". Nie radzą sobie zbyt dobrze w grupach rówieśniczych.

Poprzeczniaczek określany jest przez Tracy Hogg jako osobowość „wariacka". Dziecko o takim usposobieniu jest uparte i chce, aby wszystko działo się zgodnie z jego wolą. Zwykle odpycha dłoń dorosłego i działa po swojemu. Niezadowolenie wyraża często intensywnym i głośnym krzykiem.

Żywczyk to dziecko niezwykle aktywne, często uparte, ciekawe świata i bardzo towarzyskie. Jest żądne wrażeń i przygód. Kiedy zaczyna płakać, długo nie może się uspokoić.

---

[2] T. Hogg, M. Blau, *Język dwulatka*, Świat Książki, Warszawa 2012, s. 23.

Oczywiście każdy maluch może mieć cechy dwóch typów, ale spostrzegawczy rodzice potrafią zauważyć u swojego dwulatka cechy wiodące. Temperamenty dzieci – podobnie jak osób dorosłych – są wieloaspektowe. Jednak określenie cech dziecka wyróżniających się w znaczący sposób pozwoli dobrać rodzicom odpowiednie metody wychowawcze. Natury i wrodzonych cech potomka nie da się zmienić, ale można je wykorzystać, aby dziecko rozwijało swoje talenty i zainteresowania zgodnie z temperamentem. Każdy bowiem opisany przeze mnie typ ma swoje zalety i wady. Sukces wychowawczy będzie polegał na tym, aby niwelować złe aspekty, a eksponować i wykorzystywać dobre cechy.

Logoporady i nie tylko

- *Jeżeli Twoje dziecko jest Aniołkiem i nie sprawia prawie żadnych problemów, nie przemęczaj go zbytnio, poddając je swojemu harmonogramowi – ono też ma swoją wytrzymałość.*
- *Średniaczkowi zapewnij znajome środowisko, do wszelkich wyjść w nieznane należy go stopniowo przygotować.*
- *W postępowaniu z Wrażliwcem należy wykazać dużo cierpliwości i delikatności. Nowe sytuacje go przerastają. Kiedyś będzie jednostką wrażliwą i pełną empatii.*
- *Poprzeczniaczka nie można do niczego zmuszać, na przykład do wykonania czegokolwiek na zawołanie. Jest to maluch bardzo pomysłowy i twórczy. W życiu dorosłym wykorzysta te cechy.*
- *Żywczyki potrzebują wyraźnie określonych granic, należy w ich wychowaniu ustalić ściśle określony harmonogram, ze szczególnym uwzględnieniem snu nocnego, ponieważ odznaczają się niespożytą energią. Mają predyspozycje do pełnienia roli przywódcy.*
- *Najczęściej powtarzanym przez rodziców błędem jest chęć popisywania się umiejętnościami dziecka przed znajomymi lub rodziną. Demonstrowanie ich przez dwulatka zwykle nie wychodzi, a dzieci mają uczucie, że zawiodły rodziców. Zażenowanie i wstyd są naturalnymi emocjami w tym wieku.*
- *Nigdy nie mów źle o dziecku w jego obecności, dwulatek rozumie więcej, niż może wyrazić słowami. Dzieci w tym wieku nie filtrują naszych słów. Rozumieją pewne sformułowania zbyt dosłownie, to niekorzystnie wpływa na ich psychikę.*

Co przeżywa dwulatek? Czyli kilka słów o emocjach

Od momentu kiedy dzieci zaczynają się porozumiewać za pomocą mowy, ich rozwój emocjonalny staje się bardziej czytelny dla otoczenia, ponieważ umieją nazwać swoje odczucia. Znają słowa służące do nazwania emocji, mogą już na ich temat rozmawiać. Słów, które odnoszą się do przeżyć wewnętrznych, dzieci zaczynają używać po raz pierwszy w drugiej połowie drugiego roku życia. Są to takie wyrazy, jak: szczęśliwy, smutny, zły i przestraszony. Pojęcia te dotyczą przyjemności i bólu. Początkowo dzieci rozmawiają wyłącznie o własnych uczuciach, w wieku około dwóch i pół roku zaczynają się również odnosić do przeżyć innych ludzi. Dzieci w drodze do dojrzałości nabywają tzw. kompetencji emocjonalnych, na które składają się następujące elementy:

- świadomość własnego stanu emocjonalnego;
- zdolność dostrzegania cudzych emocji;
- zdolność do używania słownictwa związanego z emocjami;
- zdolność do współczującego zaangażowania w cudze doświadczenia emocjonalne;
- świadomość, że wewnętrzne stany emocjonalne nie muszą korespondować z ich zewnętrznymi oznakami, zarówno w przypadku siebie, jak i innych;
- wykształcenie poczucia kontroli i akceptacja własnych stanów emocjonalnych.

W wieku dwóch lat u człowieka zaczyna się pełniej kształtować dojrzałość emocjonalna, procesy emocji przechodzą na bardziej symboliczny poziom, gdyż dzieci są coraz bardziej zdolne do myślenia na temat tego, co się wokół nich dzieje. Na sytuację trudną emocjonalnie reagują ucieczką. W tym wieku opiekunowie nadal pozostają jednak dla malucha zasadniczym źródłem pomocy w przypadku większego pobudzenia. Dwulatki rozpoczynają zabawy „na niby", w których wyrażają swoje emocje. W tym wieku dziecko nabywa zdolność dostrzegania cudzych emocji, zaczyna współczuć i umie zaangażować się w doświadczenia emocjonalne innych. Natomiast proces kontroli nad własnymi emocjami oraz świadomość, że zewnętrzne oznaki emocji często nie pokrywają się z prawdziwymi emocjami wewnętrznymi, to umiejętności, które dzieci nabywają w wieku przedszkolnym (trzy––siedem lat).

Każdy wiek ma swoje lęki, niestety niemożliwe jest całkowite wyeliminowanie uczucia strachu z życia dziecka. Dwulatki najczęściej boją się dźwięków, na przykład odgłosów pociągów, ciężarówek, odkurzaczy, spłukiwania wody w toalecie. Dziecko może odczuwać lęk, słysząc odgłosy deszczu, wichury, zwierząt, szczególnie dzikich. Jeśli chodzi o lęki związane z kształtami czy barwami, maluchy najczęściej obawiają się ciemnych kolorów, dużych przedmiotów, pociągów, kapeluszy. Poczucie bezpieczeństwa może im zaburzyć przeniesienie łóżeczka czy ukochanej zabawki w inne miejsce, przeprowadzka do nowego domu, wyjazd mamy lub jej nieobecność w trakcie zasypiania. Z wiekiem lęki mijają. Rodzice powinni chronić dzieci przed ich lękami i nie zmuszać na siłę do konfrontacji z nimi. Silny strach wpływa niekorzystnie na rozwój mowy, ponieważ może się przyczynić do jej zahamowania. Prowadzi do nerwic, a jedną z nich jest mutyzm psychogenny, który objawia się niechęcią do mówienia.

Logoporady i nie tylko

- *Rozmawiajmy z dziećmi o emocjach, będzie to sprzyjało ich rozwojowi emocjonalnemu, a jednocześnie lepszemu zrozumieniu relacji zachodzących między ludźmi.*
- *Podczas oglądania książeczek zwracajmy uwagę na emocje (chłopiec jest wesoły, dziewczynka smutna).*
- *Używajmy „języka emocji" nazywającego uczucia dziecka oraz innych osób, na przykład: smutny, wesoły, zły, rozdrażniony, szczęśliwy (dobrą okazją mogą być np. rozmowy dotyczące bohaterów bajek i ich przeżyć).*
- *O emocjach rozmawiajmy również z chłopcami (statystyki informują, że tematy takie rodzice czterokrotnie częściej poruszają z dziewczynkami, uważając, że są one bardziej wrażliwe), według powszechnej opinii chłopiec powinien być wychowany na „twardziela".*
- *Rozmawiając z dwulatkiem o emocjach, starajmy się posługiwać językiem prostym i zrozumiałym, tłumacząc przyczynę stanów emocjonalnych, na przykład: „Babcia jest szczęśliwa, ponieważ ją odwiedziłeś".*

Co dwulatek umieć powinien?

Jednym z psychologów dziecięcych, który w znaczny sposób wpłynął na rozwój tej dziedziny, był szwajcarski uczony Jean Piaget. Przedstawiony przez niego opis rozwoju dziecka miał przełomowe znaczenie. Współczesny szwedzki psycholog dziecięcy, badający emocje, H. Rudolph Schaffer[3], wiele z odkryć Jeana Piageta uważa za wciąż aktualne. Piaget opisywał tzw. stadia rozwojowe, które każde dziecko musi przejść, a rozwój intelektualny trwa od momentu narodzin. Dzieci myślą w sposób jakościowy odmienny od dorosłych. Rozwój intelektualny nie jest rezultatem podawania dziecku coraz większej liczby informacji. Istota myślenia zmienia się w zależności od okresu rozwojowego. Dzieci są uczniami aktywnymi, jest w nich wielka ciekawość świata, która pcha je w kierunku eksperymentowania – według określenia Jeana Piageta wchodzą w rolę „małych odkrywców". Obraz dzieci siedzących w ławkach i biernie słuchających nauczyciela był dla Piageta przekleństwem. Dzieci muszą być aktywnie zaangażowane podczas procesu zdobywania wiedzy, a im młodsze dziecko, tym ważniejsze, by mogło się uczyć poprzez działanie. Nawiązując do teorii Jeana Piageta, można stwierdzić, że dwulatek wkracza w tzw. stadium przedoperacyjne, które trwa do siódmego roku życia. Dzieci w tym czasie potrafią się posługiwać symbolami (słowami, obrazami umysłowymi) w celu zrozumienia świata. Możliwa jest zabawa oparta na wyobraźni, wyraźnie potrafią oddzielić fantazję od rzeczywistości. Jednak na początku tego okresu, czyli w wieku dwóch lat, myślenie ma charakter egocentryczny[4].

U dzieci okresy spokoju i równowagi przeplatają się z okresami buntu, niezależności, a czasem agresji – i jest to normalny etap rozwoju dziecka. Kiedy maluch nie czuje się dobrze z samym sobą, najczęściej jest również w konflikcie z otoczeniem. Względny spokój i równowaga charakteryzuje na przykład dwulatka, ale już dwuipółlatek nie jest łatwy we współżyciu – to okres krańcowej nierównowagi. Maluszek jest uparty, nie potrafi się przystosować, ustąpić, poczekać, lubi wydawać rozkazy, nie potrafi dokonać wyboru. Jest to czas skraj-

---

[3] H. Rudolf Schaffer, *Psychologia dziecka*, WN PWN, Warszawa 2014, s. 24.

[4] J. Piaget, *Jak sobie dziecko świat przedstawia* [w:] L. Wołoszynowa (red.), *Materiały do nauczania psychologii*, seria 2, t. 3, PWN, Warszawa 1968, s. 60.

nych, gwałtownych emocji. Dziecko w tym wieku lubi powtarzalność, nowości mogą być powodem kłopotów. Nie umie się także dzielić.

Dwulatek powinien:

- okazywać uczucia, przytulać się;
- wykonywać proste polecenia;
- przejawiać zawstydzenie wobec nieznajomych;
- naśladować dorosłych;
- bawić się obok innych dzieci, czasem dwuipółlatek włącza się do zabawy;
- zaczynać postrzegać swoją odrębność;
- mówić o sobie w trzeciej osobie, używając własnego imienia;
- słuchać krótkich opowiadań;
- utrzymać kontakt wzrokowy;
- wypowiadać słowa świadczące o budującej się odrębności: „ja", „nie", „co to";
- budować wieżę z klocków;
- oglądać książeczki;
- rysować z dużym zacięciem (stadium bazgraniny);
- pokazywać pięć części ciała;
- kojarzyć zwierzątka z głosem przez nie wydawanym;
- pokazywać obrazki i je nazywać;
- używać około 50 słów (dwuipółlatek około 200);
- tworzyć zdania składające się z od dwóch do czterech wyrazów;
- chodzić i schodzić ze schodów (nie naprzemiennie);
- kopać, rzucać piłkę;
- skakać i szybko biegać;
- umieć chodzić do tyłu;
- pić z kubka i jeść łyżeczką.

Nie wymagajmy od dwulatka, aby długo skupiał uwagę lub dzielił się czymkolwiek, ten etap umiejętności dopiero przed nim.

Co nas powinno zaniepokoić?

Nasz niepokój powinno wzbudzić dziecko, które:

- ma trudności z automatyzacją chodu, utrzymaniem równowagi, później zaczyna biegać;
- po skończeniu drugiego roku życia jeszcze nie mówi;

- jest mało sprawne w samoobsłudze (mycie rąk, ubieranie się, jedzenie łyżką);
- nie umie poprawnie budować z klocków;
- nie naśladuje rysowania linii poziomych i pionowych;
- nie nawiązuje kontaktu wzrokowego.

Należy zawsze pamiętać, że nie wszystkie dzieci rozwijają się w tym samym tempie. Pewna część dwulatków może przerastać rówieśników swoimi umiejętnościami, a inne dopiero je zdobywają. Każde dziecko ma własne tempo rozwoju. Tak zwane książkowe normy podają oczywiście średnią tego tempa. Uzależnione są one od wielu czynników, w których wymienia się przede wszystkim uwarunkowania genetyczne.

Rozdział II

„Wszędzie go pełno" – czy tak powinno być?

Wielu rodziców próbuje zrozumieć, co się stało z dotychczas spokojnym dzieckiem. Ich dwulatek jest bardzo ruchliwy, często się złości, rozkazuje i chce otrzymać wszystko natychmiast. Aby go upilnować, trzeba mieć oczy naokoło głowy – to najczęstsze stwierdzenie rodziców. I tak właśnie powinno być! Zmiana, jaka zachodzi w zachowaniu dziecka pod koniec drugiego roku życia (nazywana przez specjalistów skrajną nierównowagą emocjonalną dwuipółlatka) jest kolejnym etapem jego rozwoju. Dziecko w tym czasie powoli zaczyna uświadamiać sobie własną odrębność, próbuje podejmować pierwsze, samodzielne decyzje, stanowić prawa, wyznaczać cele, sprawdza w ten sposób opiekunów – co oni na to? Na tym etapie rozwoju emocjonalnego dziecko doświadcza sprzecznych uczuć. Bardzo chce postawić na swoim, ale jednocześnie boi się, że przestaniemy je akceptować. Chce rządzić, ale równocześnie czuć się bezpiecznie. Dlatego w tym okresie bardzo ważna jest konsekwencja i wyznaczanie granic. Dwuletnie dziecko nie jest na tyle dojrzałe emocjonalnie, aby zrozumieć uczucia, jakie nim targają. Dorośli natomiast zupełnie niesłusznie odbierają zachowanie swojego dziecka jako na przykład złośliwe. Ponieważ dziecko ma już za sobą pierwszy etap na drodze do uniezależnienia – naukę chodzenia, zaczyna badać otaczający świat. Umie dosięgnąć kuchennego blatu, wspiąć się prawie na wszystko, wejść na drabinę, wyjrzeć przez okno. Sprawdza, bada związek pomiędzy przyczyną a skutkiem, eksperymentuje. W tym czasie rodzice powinni szczególnie dbać o bezpieczeństwo dziecka, ponieważ dwulatek – choć wydaje się mądry i roztropny – nie potrafi ocenić zagrożenia. Może wspiąć się na parapet, wejść do głębokiej wody, wbiec pod samochód, zgubić się w supermarkecie albo uznać, że jest na tyle samodzielny, aby wyjść z domu na spacer.

Dziecko w ten sposób bardzo dużo się uczy i rozwija się umysłowo. Jego nadmierna ruchliwość i ciekawość świata sprzyjają rozwojowi mowy. Wtedy łatwo możemy spostrzec, co interesuje naszego malucha, zachęcajmy go do nazywania przedmiotów, które wzbudzają jego zachwyt. Chłopcy uwielbiają samochody, nawet dwulatek, który wymawia zaledwie kilka słów, z łatwością posługuje się tak trudnymi wyrazami, jak: „pikap", „kombajn", „traktor" (w wymowie dwulatka: „tlaktol"), „laweta".

Badanie rzeczywistości przez tych małych odkrywców bywa niebezpieczne, dlatego dwulatka nie można spuścić z oka. W tym wieku dzieci są żywe, ciekawskie, pełne energii i niezwykłych pomysłów – takie jest ich prawo. Nie możemy mieć o to do nich pretensji, a tym bardziej karać je. Ciągłe zakazy nie pomogą malcowi rozwinąć się w pełni. Cierpliwość w tym okresie nie jest jego cnotą, jeżeli czegoś chce, to natychmiast. Słowa: „poczekaj", „za chwilę" – nie są z jego bajki.

W drugim roku życia dzieci stają się bardziej odporne na zmęczenie, w ciągu dnia śpią krótko, a i to nie zawsze. Ich energia wydaje się nieograniczona i niewyczerpana.

Dwulatek może dużo mówić, ale nie wszystko rozumie. To fakt, że większość dzieci w tym wieku coraz lepiej się komunikuje, próbuje układać zdania, uważnie słucha, co do nich mówimy. Nawet jeśli dziecko nie mówi wyraźnie, jest w stanie przekazać, o co mu chodzi. To daje dorosłym złudzenie, że można się z nim całkiem dobrze dogadać. Nic bardziej mylnego – dwulatek wyraża siebie przede wszystkim w działaniu, tego samego oczekuje od nas! Natomiast my, dorośli, odwrotnie – dużo więcej mówimy, niż robimy. Dziecko często nie rozumie naszych długich i opisowych tłumaczeń, trudnych słów, których mimowolnie używamy, czy abstrakcyjnych poleceń.

Logoporady i nie tylko

- *Postarajmy się, aby wyjaśnienia były jak najbardziej obrazowe.*
- *Mówiąc, jednocześnie pokazujmy, o co nam chodzi (np. jeżeli bawimy się z maluchem klockami, pokazujmy, jak budować wieżę, domek, mur).*
- *Podczas wspólnego malowania czy rysowania to dorosły powinien narysować linię pionową i poziomą oraz zachęcić malucha do naśladowania (nie oczekujmy, że dwulatek zrozumie polecenie typu: „Narysuj, kochanie, pionową linię!").*

Często słyszę kierowane do dwuletniego dziecka zwroty typu: „No dobrze, możesz się jeszcze chwilę pobujać, ale obiecaj, że to ostatni raz" lub „Dlaczego kłamiesz, przecież widziałam, że to ty rozlałeś zupę". Takie sformułowania to błędy, które oczywiście wynikają z niewiedzy, braku świadomości. Nie możemy oczekiwać od dwulatka, aby rozumiał moralny czy etyczny wymiar słów. Co więc pozostaje? Cierpliwe tłumaczenia, wyjaśnianie językiem prostym i zrozumiałym dla dwulatka. Dziecko w tym wieku nie toleruje zakazów i jest przekorne. Jeśli nie pozwolisz mu ciągnąć psa za ogon, możesz być pewna, że gdy się odwrócisz, zrobi to jeszcze raz. W tym wieku walczy o swoją niezależność. Twoim zadaniem jest zapewnić mu bezpieczne środowisko, w którym w ramach zdrowego rozsądku może poznawać świat. Bardzo źle znosi sytuacje, w których musi ustąpić, i wciąż powtarza „nie".

Jeszcze nie jest zdolny do empatii. Szarpie starszą siostrę za włosy, kolegę w piaskownicy potrafi uderzyć łopatką. Nie wynika to z jego złej woli lub „złego" charakteru. Po prostu dwuletnie dziecko nie ma jeszcze wystarczającej wyobraźni, by zdawać sobie sprawę z tego, co czują inni ludzie. Trzeba mu wielokrotnie tłumaczyć, że przecież ono nie lubi być szarpane i inne dzieci również tego nie znoszą. Jeśli Twój dwulatek zachowuje się agresywnie wobec jakiegoś dziecka, zmień sytuację. Pamiętaj, że maluch nauczy się współczucia i współpracy w odpowiednim dla niego czasie.

Nie wymagaj, aby dwulatek długo skupiał na czymś uwagę. Prawdziwy rekord to kilka minut, jeżeli ta czynność go naprawdę interesuje. Jeżeli chcesz pobawić się z nim w zabawy edukacyjne, rozwijające, musisz wybrać odpowiedni moment. Dziecko powinno być wówczas najedzone i wyspane. Zabawę i zabawki należy dostosować do możliwości dwulatka (o czym będę pisała w następnych rozdziałach). Należy unikać zmuszania do zabawy lub jej przeciągania mimo oznak braku zainteresowania u dziecka, ponieważ szybko się ono zniechęci. Najlepszymi formami zabaw są takie, które mogą odbywać się na świeżym powietrzu, gdzie bardzo ruchliwy dwulatek może wyładować swoją energię. Chętnie odpocznie później w domu i posłucha ulubionej bajeczki.

W tym wieku dzieci często wybuchają histerycznym płaczem, złoszczą się i trudno je uspokoić. Ale jest to normalny stan w tym okresie. Nadmierny spokój czy wycofanie byłyby w przypadku dwulatka niepokojące. Złość jest naturalnym uczuciem w sytuacjach frustracji i ograniczeń. Jak więc reagować na wybuch dziecka i przetrwać atak złości?

Logoporady i nie tylko

- *Zachowaj spokój, nie krzycz i nie kłóć się z dzieckiem.*
- *Usuń awanturnika z miejsca wypadku i nie trać czasu na tłumaczenia.*
- *Nie karz, po prostu bądź blisko.*
- *Jeżeli atak złości zdarzy się w miejscu publicznym, zadbaj o dziecko i o siebie, nie przejmuj się złośliwymi komentarzami.*
- *Należy stosować przerwy dla opiekuna (przebywanie non stop z wszędobylskim, ciekawym świata, łatwo wpadającym w złość i bardzo niezależnym dzieckiem wymaga ogromnego wysiłku, zarówno psychicznego, jak i fizycznego, dlatego ten rodzic, który spędza z dzieckiem większość czasu, musi mieć okazję do regularnego odpoczynku).*

Napadom złości najlepiej jednak zapobiegać. Reagując na wybuch złości małego dziecka, warto słuchać rodzicielskiej intuicji, ona często podpowiada najlepsze rozwiązanie problemu. Niekiedy należy zmniejszyć oczekiwania wobec dziecka, stosować polecenia wtedy, kiedy są niezbędne. Przeciwdziałajmy zachowaniom naprawdę destrukcyjnym i niebezpiecznym (bicie, gryzienie, zabawa kablami). One wymagają stanowczego: „nie zgadzam się". Dla ruchliwego dwulatka bardzo dobrym sposobem ujścia rozpierającej go energii jest wchodzenie i schodzenie ze schodów. Uprzedzaj bieg wydarzeń, to Ty najlepiej znasz swoje dziecko i wiesz, jakie sytuacje wyprowadzają je z równowagi – możesz ich po prostu unikać. Dbaj o potrzeby malucha, nadal wymaga Twojej troskliwej opieki, poobiedniej drzemki, zaspokojenia pragnienia i głodu. Nie zabieraj dziecka na zakupy do hipermarketów, galerii handlowych – nadmiar bodźców, zmęczenie, sprzyjają rozdrażnieniu.

W takich właśnie miejscach można najczęściej zobaczyć awanturujące się dwulatki. Dobrym sposobem na uspokojenie jest tzw. manewr odwracania uwagi. Może to być zaśpiewanie piosenki, danie do rączki nowego przedmiotu, pokazanie ptaka za oknem, zmiana scenerii, wyjście do innego pomieszczenia lub na podwórko czy do parku. Wydawałoby się, że na placu zabaw dziecko powinno być zadowolone z licznych atrakcji i towarzystwa rówieśników. Ale nawet tam często wybuchają konflikty. Awantury toczą się często nawet o łopatkę. Maluch nie chce się dzielić z innymi dziećmi. Dziecko w drugim roku życia dopiero zaczyna rozumieć pojęcia „moje" i „czyjeś". Najczęściej powtarza słowa: „to moje". Kiedyś ktoś zabierze mu zabawki, maluch czuje się tak, jakby zabrano kawałek jego samego. Kontakty społeczne w tym wieku dopiero zaczynają się powoli rozwijać, powinien czuwać nad nimi dorosły, aby umiejętnie je rozwijać.

Dziecko ma również często ataki furii ze względu na ograniczenia językowe. Spora część dwulatków mówi jeszcze bardzo mało, posługuje się pojedynczymi wyrazami, nie potrafi budować prostych, dwuwyrazowych zdań. Takie dzieci najczęściej rozumieją dużo więcej i jeżeli chcą wyrazić swoje emocje, a nie mogą tego zrobić w sposób werbalny, po prostu krzyczą. Dlatego dzieci, których język w tym okresie jest jeszcze ubogi, mogą być bardziej nerwowe i krzykliwe i jest to zrozumiałe.

Logoporady i nie tylko

- *Nie zmuszaj malucha, aby dzielił się swoimi zabawkami – choć warto go do tego umiejętnie zachęcić, mówiąc na przykład: „Masz dwie łopatki, dziewczynka też chce się pobawić, może dasz jej jedną na chwilę?". Jeśli posłucha, nie zapomnij zaznaczyć: „Spójrz, jak dziewczynka się cieszy, że pożyczyłeś jej zabawkę".*
- *Jeżeli inne dziecko zabiera maluchowi zabawki, a on jest bezradny, podejdź do uzurpatora, delikatnie wyjmij z jego rączek zabawkę swojego dziecka i zaproponuj mu coś innego.*

Dwulatek jest wspaniały i tak właśnie rodzice powinni myśleć, mimo że chwilami daje w kość napadami złości w sklepie i awanturami przed pójściem do łóżka. Nie zapominajcie o radościach, jakie zawdzięczacie jego obecności w domu. Mnóstwo w nim entuzjazmu i zachwytu światem, mnóstwo emocji, które roztopią serce każdego rodzica. To właśnie w tej fazie tworzą się zręby dziecięcej niezależności, poczucia pewności i siły. Ważne, by dziecko spędziło ten czas z kimś, kto ma dla niego wiele miłości i cierpliwości i umie zadbać o jego bezpieczeństwo.

Rozdział III

Nasze dziecko nie mówi – czy już należy się martwić?

Akt mowy i jej rozwój to procesy dość skomplikowane i w wyniku nowych odkryć, przede wszystkim neurologicznych, wciąż opisywane na nowo. Oczywiście popularne powiedzenie, że wszystko znajduje się w głowie, jest tutaj jak najbardziej na miejscu – ponieważ mózg, a przede wszystkim centralny układ nerwowy (CUN), dowodzi wszystkimi procesami, które zachodzą w organizmie człowieka, również mową. W tym rozdziale postaram się w sposób jasny i dość obrazowy przedstawić, jakie narządy biorą udział w akcie mowy i jak według współczesnej logopedii powinna się rozwijać mowa dwuletniego dziecka. Posłużę się wiedzą logopedyczną i neurologiczną z wieku XIX i XX oraz najnowszymi odkryciami XXI stulecia. Współcześni logopedzi korzystają w swoich terapiach z najnowszych osiągnięć neurologii, psychologii i wielu innych dziedzin, których celem jest stymulowanie, czyli pobudzanie ośrodków mowy, znajdujących się w mózgu. Najnowsze badania podkreślają tzw. plastyczność ludzkiego mózgu, która polega na zdolności przejmowania różnych funkcji, również mowy, przez różne jego obszary. Mózg i jego możliwości – mimo że do jego badania stosuje się najnowszą aparaturę – to organ wciąż nie do końca poznany i bardzo tajemniczy. Kiedy specjaliści nie potrafią podać przyczyny braku rozwoju mowy, często mówią o tzw. mikrouszkodzeniach neurologicznych[1] – oczywiście jest to bardzo pojemne określenie. W przypadku rozwoju mowy istotny jest również prawidłowy poziom hormonów tarczycy u dziecka. Nieprawidłowości w zakresie pracy tego organu prowadzą do opóźnionego rozwoju mowy, a w rezultacie do zaburzeń tempa i rytmu rozwoju całego organizmu.

Logopedzi są zgodni co do tego, że wcześnie rozpoczęta terapia daje lepsze i szybsze rezultaty – najlepsze osiąga się z dziećmi do czwartego roku życia[2]. Dlatego jedną ze specjalizacji logopedycznych stanowi wczesna interwencja logopedyczna. Specjaliści z tej dziedziny udzielają porad rodzicom od pierwszych dni narodzin ich dzieci. Dużym problemem jest natomiast brak informacji o takiej formie pomocy ze strony pediatrów, ponieważ są oni często pierwszymi osobami, do których zgłaszają się rodzice zaniepokojeni słabym postępem w rozwoju mowy u swoich pociech. Większość pediatrów niestety lekceważy rozwój mowy u dziecka na przykład dwuletniego. Nagminnie uspokajają, każąc cierpliwie czekać, a przede wszystkim nie informują o możliwości skorzystania z pomocy logopedy.

Rozwój mowy u dwulatków przebiega bardzo różnie. Część z nich komunikuje się za pomocą sporej liczby wyrazów, część buduje proste zdania, inne są bardzo rozgadane, ich język i sposób rozumowania są zaskakująco dojrzałe. Są również takie dzieci, które mając 2 lata i 8 czy 10 miesięcy posługują się zaledwie kilkoma podstawowymi słowami („mama", „tata", „baba", „jajo", „tak", „nie", „daj", „lala", „to"), natomiast rozumieją wszystkie polecenia. To powinno rodziców uspokoić. Po prostu u ich dzieci rozwinęła się już mowa bierna (czyli odbiór komunikatu), ale jeszcze nie rozwinęła się mowa czynna (nadawanie). Oczywiście takie dziecko z powodzeniem i bezproblemowo funkcjonuje w środowisku domowym, gdzie wszyscy się doskonale znają i mogą się porozumiewać bez słów. Dużo mówią gesty i mimika. Ukochany maluch nie musi się wysilać, ponieważ rodzice w lot rozumieją jego intencje, a czasami uprzedzają prośby. Ale nasz dwulatek niedługo pójdzie do przedszkola i warto, aby był komunikatywny. Należy go do tego przygotować. Jeżeli dwulatek mówi mało, ale rozumie polecenia, to logopedzi nazywają takie zjawisko opóźnionym

---

1 L. Eliot, *Co tam się dzieje? Jak rozwija się mózg w pierwszych pięciu latach życia*, Media Rodzina, Poznań 2003, s. 105.

2 J. Cieszyńska, *Od słowa przeczytanego do wypowiedzianego. Droga nabywania systemu językowego przez dzieci niesłyszące w wieku poniemowlęcym*, Harmonia, Kraków 2000, s. 38.

rozwojem mowy (ORM). Brzmi groźnie, ale wystarczy odpowiednia, indywidualna terapia, stosowana również w domu, aby mowa zaczęła się rozwijać. Jeżeli jest to ORM tzw. proste, dzieci szybko doganiają swoich rówieśników. Natomiast niepokojącym zjawiskiem jest tzw. regres, czyli cofanie się rozwoju mowy – kiedy dwulatek mówi nie coraz więcej, lecz coraz mniej. O takiej sytuacji trzeba zawsze informować specjalistę, do którego trafiamy. Do dzieci z grupy ryzyka, zagrożonych opóźnionym rozwojem mowy, należą wcześniaki z niską masą urodzeniową oraz bliźnięta, które często posługują się własnym kodem językowym.

Pierwszym podstawowym zaleceniem jest sprawdzenie słuchu u audiologa dziecięcego, pomimo że dziecko było już badane w szpitalu w pierwszych dobach życia. Nawet niewielki, trudno zauważalny ubytek słuchu może być przyczyną opóźnionego rozwoju mowy. Mogły się do niego przyczynić przebyte wcześniej infekcje uszu. Niezbędna jest konsultacja logopedyczna – kompetentny logopeda sprawdzi prawidłową budowę i funkcjonowanie narządów artykulacyjnych, wykona test logopedyczny i skieruje na odpowiednie konsultacje specjalistyczne.

Terapia logopedyczna dwulatka to nie lada wyzwanie dla logopedy – ze względu na żywiołowy temperament dziecka i niezdolność do dłuższego skupienia uwagi. Nie wszyscy chcą się podjąć tego zadania, często sugerują ponowną konsultację za pół roku, kiedy dziecko będzie mogło skupić się dłużej. W tym momencie swojemu dziecku mogą pomóc najbardziej rodzice. Przede wszystkim szukajcie odpowiedniego logopedy do skutku, a później najważniejsza jest ścisła i świadoma współpraca z nim. Praca w domu z dzieckiem według wskazówek logopedy jest nieoceniona.

Terapia logopedyczna wymaga systematyczności, rezultaty nie od razu są widoczne, to nie jest kuracja farmakologiczna, działająca na zasadzie cudownej tabletki. Warto jednak podjąć ten wysiłek, ponieważ jej efekty będą procentowały latami. Dzięki niej Wasze dzieci zaczną z Wami rozmawiać, na nowo odkryjecie ich osobowość. Pierwsze zdania i słowa wypowiedziane poprawnie to największa nagroda. Ćwiczenia artykulacyjne zaowocują poprawnością wypowiadanych słów. Ten trening jest niezbędny, aby później uniknąć wad wymowy, ćwiczyć słuch fonematyczny (odpowiedzialny za słyszenie dźwięków mowy – fonemów). Ułatwi to dzieciom w przyszłości poprawne pisanie i czytanie, pomoże uniknąć tak powszechnej dzisiaj dysleksji, dysgrafii czy dysortografii. „Poprawnie pisać może tylko ten, kto poprawnie wymawia wyrazy i kto poprawnie dzieli je na głoski”[3].

Logoporady i nie tylko

- *Uważnie obserwuj rozwój mowy u swojego dziecka, załóż zeszyt i zapisuj w nim nowe słowa, również te, które nie są pełnymi wyrazami, a na przykład sylabami używanymi stale dla określenia przedmiotów, osób czy sytuacji (do szybkich notatek może służyć np. kalendarz).*
- *Zwracaj uwagę na to, czy Twoje dziecko używa więcej słów, czy mniej (pomogą Ci w tym notatki).*
- *Jeżeli zauważysz regres zamiast postępu w rozwoju mowy, koniecznie szukaj pomocy u logopedy, poinformuj go o swoich spostrzeżeniach.*
- *Nie wyręczaj dziecka w mowie, uprzedzając jego prośby, wykaż cierpliwość, czekając, aby dwulatek sam przekazał informację.*
- *Zaobserwuj, czy Twój dwulatek rozumie kierowane do niego proste polecenia.*
- *Postaraj się mówić do dwulatka językiem prostym, buduj krótkie zdania, jeżeli masz tendencję do przyspieszonego tempa mowy, mów wolniej.*
- *Mówiąc do dziecka, nie używaj dziecięcego języka, licznych zdrobnień i spieszczeń, czyli tzw. języka nianiek.*
- *Jeżeli rozmawiasz z dzieckiem, poświęć mu w tym momencie maksimum swojej uwagi, nie rozmawiaj w tym czasie przez telefon (ma to być czas tzw. specjalny, przeznaczony tylko dla dziecka, w ciągu dnia wygospodaruj go tyle, ile możesz).*
- *Dowiedz się, czy osoba, która opiekuje się dzieckiem podczas Twojej nieobecności, rozmawia z nim.*
- *Jeśli bawisz się z dzieckiem lub na przykład oglądacie książeczkę, niech się to odbywa w pomieszczeniu, gdzie nie ma tzw. zagłuszaczy (telewizora, muzyki).*
- *Nie słuchaj rad „dobrych ciotek” typu: „W naszej rodzinie wszyscy chłopcy mieli »ciężką mowę«”, „Nie przejmuj się, kiedy zacznie mówić, będzie mówił od razu jak dorosły”.*
- *Zaufaj swojej intuicji, obserwacji, zdrowemu rozsądkowi – Ty znasz swoje dziecko najlepiej, a jego dobro i prawidłowy rozwój są najważniejsze.*

[3] B. Rocławski, *Poradnik fonetyczny dla nauczycieli*, WSiP, Warszawa 1986, s. 36. Profesor Bronisław Rocławski jest twórcą glottodydaktyki.

Jak powstaje mowa?

Czym jest mowa, a szczególnie jak ona powstaje, to pytania, na które wciąż próbują odpowiadać naukowcy. Wyniki badań potwierdzają, że mowa to umiejętność wrodzona, uwarunkowana genetycznie, jest to wyłącznie ludzka zdolność. Ludzie mają potencjał rozwoju języka, stanowiący nieodłączną część dziedzictwa danego gatunku. Mowa to zachowanie językowe,

> [...] zespół czynności jakie człowiek wykonuje poznając rzeczywistość i przekazując jej interpretację innym uczestnikom życia społecznego[4].

Wyodrębnia się mowę wewnętrzną, która służy organizowaniu wiedzy o świecie w umyśle i przejawia się jako tekst pomyślany, oraz mowę zewnętrzną, której wynikiem jest tekst przyjmujący postać dźwiękową (wtórnie graficzną lub niewerbalną). Aby dziecko mogło się komunikować, musi opanować pewne kompetencje i sprawności językowe, wzajemnie się warunkujące. Kompetencjami nazywamy społeczną wiedzę tkwiącą w umysłach ludzkich i wyrażoną w indywidualnych realizacjach, którym odpowiadają poszczególne sprawności. Dzieci wykazują szczególną „gotowość językową" już od momentu urodzenia i w każdych warunkach będą rozwijać te sprawności, zarówno w zakresie rozumienia, jak i mówienia. Bardzo dużą rolę w przyswajaniu języka odgrywa to, jak wiele dorośli dostarczają tego materiału w postaci stymulacji werbalnej.

Jednak przebieg procesu kształtowania się mowy zależy od wielu czynników, wśród których wymienia się genetykę czy środowisko – a w nim najważniejszą rolę odgrywają kontakty społeczne oraz prawidłowo funkcjonujące struktury anatomiczne. W przypadku struktur anatomicznych należy wymienić:

- budowę i sprawność centralnego układu nerwowego (CUN),
- budowę i sprawność narządów mowy (tzw. narządów artykulacyjnych),
- budowę i sprawność narządu słuchu.

Już w XIX wieku dokonano przełomowego odkrycia: zlokalizowano ośrodki odpowiedzialne za funkcje językowe – są to tzw. obszary

---

[4] S. Grabias, *Mowa i jej zaburzenia*, „Logopedia" 2000, nr 28, s. 38.

mowy Broki i Wernickego (określone tak od nazwisk odkrywców). U większości ludzi mieszczą się one w lewej półkuli mózgowej.

Umiejscowienie obszarów mowy w mózgu

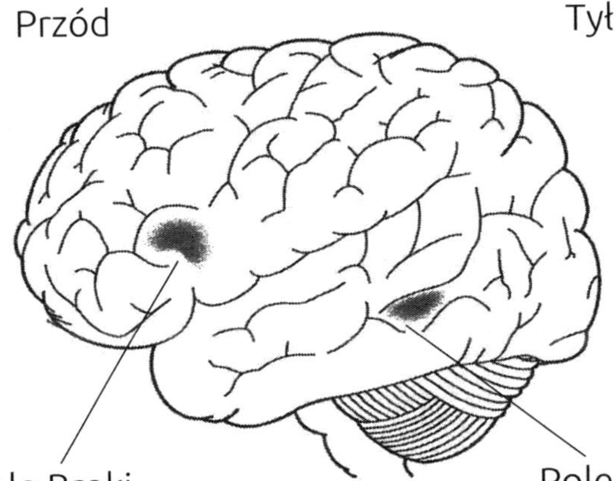

Statystycznie dominacja lewej półkuli w mowie dotyczy 95% mężczyzn i 88% kobiet. Tylko 3% ludzi ma ośrodek ruchowy mowy w prawej półkuli. Są to osoby leworęczne i oburęczne. Leworęczni stanowią około 9% populacji, ale ich ośrodek ruchowy mowy występuje w prawej półkuli w znacznie mniejszym procencie. Ostatnie badania wykazały, że u pewnej części ludzi leworęcznych, a prawdopodobnie też praworęcznych, ośrodki ruchowe mowy występują w obu półkulach[5].

Obszar Broki to ośrodek ruchowy mowy, odpowiada za nadawanie (mówienie), tzw. mowę czynną, umiejscowiony jest w tylnej części zakrętu czołowego. Obszar Wernickego to ośrodek czuciowy mowy umożliwiający jej odbiór (rozumienie), czyli mowę bierną. To on odpowiada za słuch fonematyczny, czyli za analizę i syntezę wyrazów. Zlokalizowany jest w okolicy zakrętu skroniowego. Jest niezbędny do rozpoznawania elementów mowy: głosek, wyrazów i zdań. Pełni on ważną rolę w procesie mowy, ponieważ przyjmuje impulsy z pola słuchowego i przekazuje je do ośrodka ruchowego mowy przez pęczek łukowaty, który współcześnie można porównać do funkcji enter w klawiaturze komputera.

---

[5] A. Kozołub, *Podstawy anatomii i fizjologii układu nerwowego* [w:] T. Gałkowski, G. Jastrzębowska (red.), *Logopedia. Pytania i odpowiedzi*, t. 1, Uniwersytet Opolski, Opole 2003, s. 108.

Czy tylko lewa półkula dominuje, jeżeli chodzi o funkcje mowy? Wiele dowodów klinicznych wskazuje na to, że prawa półkula odgrywa również bardzo ważną rolę w procesach mowy, ponieważ zapewnia ona właściwy wyraz emocjonalny przekazywanych treści. Odpowiedzialna jest za prozodię języka, akcent i intonację wypowiedzi. W literaturze przedmiotu poświęconej budowie i funkcjonowaniu mózgu odchodzi się od traktowania każdej z półkul jako monolitycznego systemu, odgrywającego główną rolę w realizacji poszczególnych zadań. Obecnie coraz częściej mówi się, że obie półkule tworzą pewien dynamiczny system, w którym istotną funkcję pełni każda z nich[6].

Dojrzewanie układu nerwowego ma bardzo duży wpływ na rozwój mowy oraz na moment, w którym pojawi się ona u dziecka. Proces ten wiąże się z pojęciem mielinizacji, jest to obecność osłonki mielinowej wokół dróg neuronowych. Umożliwia to znacznie szybsze (około pięciokrotnie) przesyłanie impulsów nerwowych. Co w konsekwencji pozwala danej osobie sprawnie wykonać poszczególne czynności, w tym poznawcze, związane z rozwojem mowy. Duża część struktur mózgowych ulega mielinizacji w 1. roku życia człowieka, co odpowiada intensywnemu rozwojowi poznawczemu i motorycznemu zachodzącemu w tym czasie. Główny etap mielinizacji w obrębie szlaku piramidowego kończy się pomiędzy 12. a 16. miesiącem życia (czyli w wieku, kiedy dziecko zaczyna chodzić). Do struktur, które ulegają mielinizacji pomiędzy 3. a 7. rokiem życia, należą między innymi włókna spoidłowe, odpowiadające za funkcjonalną organizację obu półkul mózgowych, co ułatwia koordynację funkcji mowy i funkcji ruchowych. Mielinizacja układu nerwowego jest – jak wiele innych procesów dojrzewania – uwarunkowana genetycznie. Ostatnie badania wykazują, że używanie określonego szlaku nerwowego przyspiesza tworzenie się otoczki mielinowej i wzmacnia połączenia synaptyczne. Dlatego czynności się powtarza, ćwiczy, utrwala i automatyzuje, czyli „wpisuje się w mózg" określony schemat neuronalny. Ponadto w ciągu pierwszych czterech lat życia następuje intensywny wzrost liczby i wielkości dendrytów. Kształtuje się sieć nerwowa, co jest podstawą rozwoju coraz bardziej złożonych funkcji, między innymi języka i myślenia abstrakcyjnego.

W tym czasie, czyli w przypadku dziecka w wieku do czterech lat, terapia logopedyczna daje największe rezultaty, ponieważ dendryt jest elementem komórki nerwowej najbardziej podatnym na stymula-

---

[6] Tamże, s. 107.

cję środowiska (sensoryczną i emocjonalną). Czyli zakres i czas trwania stymulacji, nabywania doświadczeń, decyduje o liczbie rozgałęzień dendrytowych. Ustanie stymulacji przyczynia się do zahamowania procesu rozgałęzienia sieci neuronalnych. Ma to znaczenie w przypadku mózgu zarówno rozwijającego się prawidłowo, jak i wcześnie uszkodzonego, zwłaszcza jeśli uszkodzenie jest na tyle nieznaczne, że aż trudne do określenia i zlokalizowania (mikrouszkodzenia OUN).

Profesor Jadwiga Cieszyńska, powołując się na pracę Armina Löwe (*Wychowanie słuchowe. Historia – metody – możliwości*, Warszawa 1995), pisze, że

> [...] tworzenie się rozgałęzień dendrytowych w mózgu i powstawanie synaps jest w 70–75% zaprogramowane genetycznie, a ok. 25% rozgałęzień i synaps, które warunkują największe osiągnięcia powstają tylko pod wpływem odpowiednich bodźców zmysłowych. Deficyt tych połączeń można wyrównać do 3, 4 r.ż. Istotny jest tutaj wiek, w którym przeprowadza się terapię[7].

Generowanie, czyli wytwarzanie dźwięków mowy, wymaga wielu funkcji ruchowych, takich jak: oddychanie, ruchy krtani, języka oraz struktur nosogardła. Każdy ruch podczas procesu mówienia powstaje w wyniku bodźców dopływających do mięśni z komórek ruchowych nerwów czaszkowych albo z komórek ruchowych rogów przednich rdzenia kręgowego. Aby rozwinęła się mowa, jej obszary znajdujące się w CUN muszą współpracować z narządami mowy znajdującymi się na obwodzie. Należą do nich aparat oddechowo-fonacyjny (w którym istotną rolę odgrywa krtań, gdzie znajdują się fałdy głosowe, zwane strunami głosowymi) oraz narządy artykulacyjne umieszczone w części twarzowej (język, wargi, zęby, podniebienie miękkie i twarde). Do prawidłowego mówienia niezbędna jest ich sprawność ruchowa, prawidłowa budowa oraz odpowiednie napięcie mięśniowe. Bardzo ważny dla czynności nadawania mowy jest układ (analizator) czucia głębokiego, dzięki któremu odczuwamy dokładność wykonywanego ruchu. Jest ono również nazywane czuciem kinestetycznym, od niego zależy precyzyjne ułożenie narządów artykulacyjnych (szczególnie języka) w trakcie powstawania poszczególnych głosek.

---

[7] J. Cieszyńska, *Od słowa przeczytanego...*, dz. cyt., s. 56.

By wypowiedzieć prawidłowo choćby jedną głoskę, nasze narządy artykulacyjne muszą wykonać bardzo precyzyjne i dość szybkie ruchy. W celu zobrazowania jak szybkie i sprawne muszą być nasze narządy artykulacyjne, podam przykład konkretnych obliczeń. Jedno zdanie wypowiadamy w ciągu zaledwie 2,5 sekundy, czas wypowiedzianej samogłoski to 50 milisekund, a spółgłoski 10 milisekund. Szczególną rolę będzie tu odgrywał język, którego ruchy ćwiczy już noworodek, ssąc mleko z piersi mamy. Dlatego karmienie piersią stanowi bardzo ważny proces, który przygotowuje narządy artykulacyjne do mówienia. Język jest połączony z dnem jamy ustnej – tzw. wędzidełkiem, które w procesie mówienia pełni istotną funkcję.

Mowa jest ruchem i nie można jej ujmować w oderwaniu od motoryki dużej i małej. Terapię logopedyczną należy traktować kompleksowo, ponieważ do gabinetu logopedycznego trafiają dzieci, u których oprócz zaburzeń mowy występują: nadruchliwość, niezdarność, słaba koordynacja ruchowa, deficyt uwagi, zmiany napięcia mięśniowego, zaburzenia koordynacji wzrokowo-ruchowej oraz pamięci.

Logoporady i nie tylko

- *Po urodzeniu karm dziecko piersią, w ten sposób przygotujesz jego narządy artykulacyjne do mówienia.*
- *Jeżeli zauważysz, że Twoje dziecko jest leworęczne, nie zmuszaj go do posługiwania się prawą ręką, ponieważ może to zaburzyć proces rozwoju mowy, a nawet przyczynić się do jąkania.*
- *Dbaj o rozwój ruchowy malucha – on również przyczynia się do szybszego rozwoju mowy, ponieważ ośrodek ruchu znajdujący się w mózgu sąsiaduje z obszarem mowy.*
- *Zwróć uwagę na to, czy dziecko dobrze słyszy – nawet niewielki niedosłuch jednostronny może być powodem problemów związanych z mówieniem (mów czasami do dziecka szeptem, kiedy jest odwrócone tyłem, z odległości jednego metra).*
- *Zaobserwuj, czy dziecko nie oddycha przez usta – sposób oddychania również wpływa na mowę (prawidłowo powinno się oddychać przez nos).*

Rozdział IV

Normy rozwoju mowy dla dwulatka

Rodzice, obserwując rozwój mowy u swojego dziecka, często porównują go z rówieśnikami. Ma to dobre, ale jednocześnie złe strony. Jeśli ich pociecha wyprzedza równolatków, komunikuje się w sposób werbalny lepiej, jest to oczywiście powód do dumy. W przypadku kiedy dwulatek wyraźnie odbiega w zakresie mowy od innych dzieci z tej samej grupy wiekowej, rodzice zaczynają się martwić i wpadają w panikę. Zawsze należy wówczas pamiętać, że dzieci rozwijają się w sposób nieharmonijny, czyli skokowy – dotyczy to również rozwoju mowy. Maluch za kilka miesięcy może dogonić rówieśników.

Rozwój językowy dziecka jest przedmiotem licznych badań i opracowań naukowych. Mimo wielu różnic panuje zgoda co do tego, że każde dziecko przechodzi w tej samej kolejności przez wszystkie fazy rozwoju mowy. Rozwój ten przebiega pewnymi etapami i trwa kilka lat. Logopedzi dokładnie znają te okresy, ponieważ aby móc sterować rozwojem mowy dziecka, należy dokładnie znać jej przebieg i umieć odróżnić to, co prawidłowe dla danego etapu rozwojowego, od tego, co jest patologią.

Różnice indywidualne w opanowaniu języka uwarunkowane są następującymi czynnikami: stanem zdrowia, poziomem inteligencji, statusem społeczno-ekonomicznym rodziny, płcią, chęcią komunikowania się, stymulacją, wielkością rodziny, kolejnością dziecka w rodzinie, metodami wychowawczymi, porodami (porody mnogie – bliźnięta), kontaktami z rówieśnikami, osobowością.

Proces nabywania sprawności językowej trwa do szóstego, siódmego roku życia i rozpoczyna się już w okresie płodowym. Wówczas rozwijają się narządy artykulacyjne i wszystkie funkcje układu nerwowego, niezbędne do rozwoju mowy. Zdaniem audiologów w okresie płodowym około czwartego, piątego miesiąca dziecko zaczyna słyszeć również dźwięki: bicie serca mamy, jej głos, a także wychwytuje niskie tony z otoczenia.

W związku z poszczególnymi fazami rozwoju języka wyróżniono i opisano poszczególne etapy rozwoju mowy. W Polsce dokonał tego jeden z prekursorów logopedii – Leon Kaczmarek. Wyróżnił on okresy:

- przygotowawczy (płodowy),
- melodii (od urodzenia do 12. miesiąca życia),
- wyrazu (od 1. do 2. roku życia),
- zdania (od 2. do 3. roku życia),
- swoistej mowy dziecięcej (od 3. do 7. roku życia).

Pierwszy rok życia uznaje się za tzw. fazę przedjęzykową (prelingwalną) w rozwoju mowy, zwaną okresem melodii, w którym dźwięki tworzone przez dziecko nie wyrażają znaczenia, lecz stany emocjonalne lub motywacje, w których maluch odkrywa potrzebę komunikowania werbalnego. W tym czasie około szóstego, siódmego tygodnia życia pojawia się głużenie. Noworodek wydaje różne dźwięki, ponieważ ćwiczy narządy artykulacyjne. Jest to odruch bezwarunkowy, charakterystyczny dla wszystkich dzieci – zarówno słyszących, jak i niedosłyszących oraz głuchych (dzieci głuche w środowisku wód płodowych matki są zdolne rejestrować poprzez przewodzenie kostne bodźce dźwiękowe i po urodzeniu odruchowo je reprodukować).

Gaworzenie, które pojawia się około szóstego miesiąca życia, jest odruchem warunkowym, który polega na świadomym powtarzaniu dźwięków. Dziecko naśladuje dźwięki dzięki takim umiejętnościom i cechom, jak: zaostrzenie spostrzegawczości, zwiększenie uwagi, bardziej rozwinięta pamięć, naśladowanie dźwięków wydawanych podczas ruchu narządów artykulacyjnych oraz dźwięków, których brzmienie uchwyciło od dorosłych. Gaworzenie jest zatem wyraźnym, choć niezamierzonym treningiem słuchu tzw. mownego, czyli fonetycznego. Następnie według dr Stecko pojawia się echolalia, nazwana wyższą formą gaworzenia. W tym czasie dziecko zaczyna naśladować dźwięki, ale uświadamia sobie, że to inne osoby je wydają. To okres naśladownictwa, w którym bardzo istotne jest, aby wzorce do naśladowania były jak najlepsze, pozbawione błędów.

Mowa jest ruchem i w związku z tym postępuje ściśle z rozwojem fizycznym. Fazie głużenia towarzyszy podnoszenie głowy, natomiast etapowi gaworzenia okres siadania.

Na przełomie pierwszego i drugiego roku życia pojawiają się pierwsze wyrazy, dziecko zaczyna chodzić, osiąga pozycję pionową. Wkracza w etap tzw. fazy językowej (lingwalnej). Dla niektórych to etap wczesnojęzykowy. Początkowo, to jest do drugiego roku życia, wypowiedzi dziecka są jednowyrazowe. Wielu specjalistów nawiązuje do poglądów Edmunda Jacobsona i mówi o okresie holofrazy, polegającej na tym, że jedno słowo pełni wiele funkcji, na przykład funkcje zdania.

Czternasto-, piętnastomiesięczne dziecko zaczyna wypowiadać więcej pojedynczych słów, kojarząc je z konkretnymi przedmiotami. W okresie wyrazu, czyli między pierwszym a drugim rokiem życia, dziecko powinno używać wszystkich samogłosek (*a*, *e*, *o*, *u*, *y*, *i*), oprócz nosowych (*ą*, *ę*); natomiast ze spółgłosek wymawiać: *p*, *b*, *m*, *t*, *d*, *n*, *k*, *ś*, czasem *ć*. Pozostałe zastępuje innymi głoskami o zbliżonym miejscu artykulacji, upraszcza grupy spółgłoskowe, wymawia tylko pierwszą sylabę lub końcówkę wyrazu. Dziecko posługuje się sygnałem jednoklasowym, gramatycznie neutralnym. Mogą to być sygnały strzępkowe (*ma*, *cia*, *ta*) lub jednosylabowe („mama", „tata", „ciocia", „lala" itp.). W tym czasie maluch słyszy całe wyrazy i zdania wypowiedziane przez osoby dorosłe, a nie tylko pojedyncze głoski. Jednak nie mogąc zapamiętać całego wyrazu, mówi tylko część, którą zapamiętał najlepiej. Słownik dziecka składa się najczęściej z rzeczowników i czasowników. Po pierwszym roku życia następuje rozszerzenie zakresu rozumianych słów i wypowiedzi, wzbogacenie używanego słownika.

W okresie tzw. zdania – między drugim a trzecim rokiem życia – mowa rozwija się u większości dzieci bardzo intensywnie. Dzieci wówczas to prawdziwe gaduły, nie tylko rozumieją wypowiedzi otoczenia, ale odpowiadają na nie z sensem i potrafią również wyciągnąć z nich korzystne dla siebie wnioski. Ten czas bardzo trafnie scharakteryzował jeden z badaczy mowy, K. Czukowski, cytowany przez jednego z polskich prekursorów logopedii, Leona Kaczmarka, w książce *Nasze dziecko uczy się mowy*:

> [...] poczynając od dwóch lat każde dziecko staje się na krótko genialnym lingwistą, a następnie po ukończeniu pięciu, sześciu geniusz ten zanika[1].

W okresie zdania przeważają monologi, występują echolalie (powtórzenia zasłyszanych zdań, wyrażeń), pod koniec tego etapu zjawiska te zanikają.

Dziecko dwuipółletnie powinno wymawiać:

- wszystkie samogłoski (*a*, *e*, *i*, *o*, *u*, *y*), oprócz nosowych (*ą*, *ę*);
- głoski wargowe (*p*, *b*, *m*, *pi*, *bi*, *mi*);
- głoski wargowo-zębowe (*w*, *f*, *wi*, *fi*);
- głoski środkowojęzykowe (*ś*, *ź*, *ć*, *dź*, *ń*, *ki*, *gi*);
- głoski tylnojęzykowe (*k*, *g*, *ch*);
- głoski przedniojęzykowo-zębowe (*t*, *d*, *n*);
- głoski przedniojęzykowo-dziąsłowe (*l*).

Pod koniec tego okresu mogą się już pojawić głoski *s*, *z*, *c*, a nawet *sz*, *ż*, *cz*, *dż*, nie zawsze pełnowartościowe. Bardzo istotne dla tego wieku jest pojawienie się świadomości językowej. Dziecko już wie, jak dana głoska powinna brzmieć, chociaż samo nie potrafi jej wypowiedzieć. Dlatego często chce poprawić dorosłego, który naśladuje wymowę dziecka. Wymawiane głoski, szczególnie w wyrazach, nie zawsze są pełnowartościowe, czasami w trudniejszych zestawieniach są zastępowane łatwiejszymi głoskami. Dzieci w tym wieku dokonują substytucji, czyli zniekształcenia głosek. Należy to tłumaczyć słabą jeszcze sprawnością narządów artykulacyjnych. Dla dwulatków są to zjawiska naturalne, tak jak zmiękczanie głosek szeregu *s*, *z*, *c*, *dz*, *sz*, *ż*, *cz*, *dż*.

Pierwsze zdania, które pojawiają się w tym okresie, są dwuwyrazowe i wyłącznie twierdzące. Wówczas dziecko przyswaja sobie podstawy systemu leksykalnego, fonetycznego i morfologicznego języka, którym mówi jego otoczenie. Pierwsze zdania zawierają podmiot i orzeczenie („Lala śpi"; „Miś je"; „Mama pisie" – czyli „pisze"; „Dziadzia cita" – czyli „czyta"), to praktyczne zastosowanie reguł gramatycznych. Jest to ważny okres rozwoju mowy, ponieważ słowa zostają uporządkowane tak, by wyrażały pewną myśl. Dość szybko w mowie dwulatka po zdaniach oznajmujących pojawiają się na przykład pytające i rozkazujące („Gdzie pośła mama?", „Podnieś to!"). Z części mowy najczęściej używane są rzeczowniki stanowiące nazwy konkret-

[1] L. Kaczmarek, *Nasze dziecko uczy się mowy*, Wydawnictwo Lubelskie, Lublin 1966, s. 104.

nych przedmiotów występujących w otoczeniu dziecka, na przykład pokarmów, napojów, zwierząt, części ciała, ubrań. Czasowniki oznaczające czynności fizjologiczne, ruch, pozycje początkowo są używane w formie bezokolicznika, później w czasie przeszłym, przyszłym, w formie zwrotnej.

W drugiej połowie drugiego roku życia powiększa się zasób sygnałów i apeli dziecka. Pojawiają się sygnały językowe, czyli wołacze, wykrzykniki („ach", „aj", „jejku", „cholela") i onomatopeje („tsse", „fiu, fiu"). Dziecięca zdolność słowotwórcza zaczyna się rozwijać w postaci bardzo ciekawych i niejednokrotnie śmiesznych neologizmów. Maluchy najczęściej używają form rzeczowników w mianowniku, wołaczu i narzędniku. W odmianie czasownika używają najczęściej – prawdopodobnie pod wpływem otoczenia – trzeciej osoby liczby pojedynczej. Dziecko dwuletnie zna wartość cyfry 1 i przeciwieństwo do niej – mnogość, którą oznacza różnie (4, 8, 6, 5), zauważa również ubytek w wielości.

Dwulatki przejawiają zaciekawienie językiem, znają swoje imię i nazwisko, dążą do ścisłego wyrażania się, samorzutnie poprawiają swoją wymowę, stosują autokorekcję. Potrafią użyć opisu w przypadku nieznajomości nazwy, zdają sobie sprawę z wartości uczuciowej wyrazu (dodatniej lub ujemnej). Niektóre dwulatki potrafią powiedzieć krótki wierszyk. Jednak proces ten nie przebiega łatwo, dziecko przyswaja sobie język stopniowo, popełniając liczne błędy. Wypowiedzi z własnej inicjatywy, jak również te wywołane poleceniem czy pytaniami otoczenia są często zbudowane niezgodnie z tradycją językową. Absolutnie nie należy wówczas dziecka uporczywie poprawiać, przerywając mu wypowiedź, ponieważ można je w ten sposób zrazić do swobodnego mówienia. Każdy przejaw i chęć mówienia u dwulatka należy przyjmować z aprobatą i radością, wykazywać zainteresowanie tym, co mówi, oraz zachęcać dziecko do wypowiadania się na temat własnych przeżyć i potrzeb.

Kiedy u dwulatka podejrzewa się opóźnienie rozwoju mowy?

Głębokość opóźnienia mowy ustala się na podstawie badań testowych, wywiadu i obserwacji. Według wskaźników opracowanych przez Halinę Spionek należy przyjąć, że o poważnym stopniu opóźnienia rozwoju mowy można mówić wówczas, gdy:

- mowa dziecka rocznego jest na poziomie dziecka półrocznego, dziecko jedynie gaworzy;
- mowa dziecka dwuletniego jest na poziomie rocznego (wymawia kilka słów);
- mowa dziecka trzyletniego jest na poziomie mowy dziecka półtorarocznego (tworzy równoważniki zdań).

Jeżeli chodzi o podawanie konkretnej liczby słów, którą dziecko powinno się posługiwać w okresie od drugiego do trzeciego roku życia, to na przykład Leon Kaczmarek podaje średnią liczbę około 300 słów. Tomasz Zaleski (autor książki *Opóźniony rozwój mowy*) zwraca uwagę na różnice występujące w pracach naukowych, na przykład angielska literatura podaje, że trzyletnie dziecko zna około 250 słów, Leon Kaczmarek pisze o 500, natomiast według francuskiej literatury jest to 1000 słów[2]. Różnica ta może wynikać, jak komentuje autor, z mrukliwości bądź gadatliwości danego narodu. W tej samej książce Tomasz Zaleski w sposób uproszczony, ale bardzo sugestywny przedstawia prawidłowy rozwój mowy:

> Gaworzenie pojawić się powinno w 6 miesiącu życia, pojedyncze słowa na pierwsze urodziny dziecka. Proste zdanie powinno być wypowiadane w czasie drugich urodzin, zdanie rozwinięte w czasie trzecich, a na czwarte urodziny dziecko powinno umieć opowiedzieć krótką bajkę... Opóźnienie w pojawieniu się poszczególnych stadiów rozwoju mowy nie powinno przekroczyć 6 miesięcy[3].

---

[2] T. Zaleski, *Opóźniony rozwój mowy*, Państwowy Zakład Wydawnictw Lekarskich, Warszawa 1992, s. 13–14.

[3] Tamże, s. 14.

Logoporady i nie tylko

- *Zachęcajmy niemowlę do gaworzenia, mówmy do niego, modulując intonację głosu, powtarzajmy jego pierwsze wypowiedziane sylaby (*da, ba, pa, ma*). Gdy mówimy, ważne jest, aby niemowlę widziało nasze usta (dziecko uczy się mowy również dzięki percepcji wzrokowej).*
- *Należy obserwować, czy dziecko reaguje na wypowiedzi otoczenia, początkowo działaniem, wykonywaniem poleceń, pokazywaniem, następnie reagowaniem sygnałami niejęzykowymi, mieszanymi – i w końcu językowymi.*
- *W trakcie monologu, na przykład podczas zabawy, nie wolno dziecku przerywać i żądać, aby powtórzyło poprawnie wypowiedź.*
- *Karanie, zawstydzanie, wyśmiewanie podczas wypowiedzi wywołuje w dziecku kompleks niższości i zniechęca je do mówienia.*

Rozdział V

„Nie jestem blamkaziem, tylko kapitaziem", czyli monologi i dialogi małej Ani

Dwuletnia Ania jest córką mojej przyjaciółki, ma dwóch starszych, nastoletnich braci, jej rodzice to umysły ścisłe (mama jest nauczycielką matematyki, tata – pracownikiem naukowym, informatykiem). Obserwowałam rozwój dziewczynki od urodzenia i gdybym miała scharakteryzować jej osobowość według klasyfikacji Tracy Hogg, autorki książki pt. *Język dwulatka*, powiedziałabym, że Ania jest typowym Aniołkiem z elementami Średniaczka. Rozwija się wzorcowo, a kolejne etapy rozwojowe przebiegają u niej wręcz podręcznikowo. Od początku nie sprawiała żadnych problemów rodzicom, pamiętam wizyty u mojej koleżanki, kiedy Ania, będąc niemowlakiem, zawsze grzecznie spała, nie przeszkadzał jej hałas, rzadko płakała, uśmiechała się przyjaźnie, chętnie gaworzyła. Etap dużej ruchliwości rozpoczął się, kiedy zaczęła chodzić, w wieku 10 miesięcy. Opiekowałam się wtedy Anią przez około dwie godziny, nie chciała się wówczas rozstać z mamą. Była bardzo zwinnym i ruchowo dobrze rozwiniętym dzieckiem. Wówczas w moim domu interesowały ją przede wszystkim obrazy wiszące na ścianach, pokazywała je paluszkiem, a ja opowiadałam jej, co jest na nich namalowane. Używała przede wszystkim pierwszych sylab lub głosek wyrazów („o", „ma" – „nie ma", „to", „ciu" – „cukierek"). Pierwsze słowa pojawiły się u dziewczynki około pierwszego roku życia

(„mama”, „tata”, „baba”, „lala”, „jajo”, „Mate” – „Mateusz”, „Ciś” – „Krzyś”). Z biegiem czasu słów przybywało i w większości były to rzeczowniki oraz partykuła przecząca „ne” – „nie”.

Obecnie Ania jest bardzo ruchliwą i pełną energii dwulatką, wszędobylską, ciekawą świata i bardzo odważną. Chętnie zostaje pod moją opieką, bez problemu rozstając się z mamą. Jej osobowość scharakteryzuje chyba najlepiej krótki wierszyk.

Dwuletnia Ania

Mała Ania tańczy i skacze już od śniadania.
Rozsyła wszystkim całusków sto,
uśmiech wesoły i ząbków rząd.
Śpiewa, dyskutuje, liczy i rachuje.
W główce myśli tysiące jak kwiatków na łące.
Sobie rozkazuje, sprzeciwu nie toleruje.
Każdy jej dzień przygodą jest nową,
pełną radości i wielkich czułości[1].

Kiedy Ania miała dwa lata i dwa miesiące, budowała proste zdania składające się z podmiotu i orzeczenia („Tata placiuje” – „pracuje”, „Mama pośła” – „poszła”, „Mate gla” – „Mateusz gra”). Wtedy również pojawiły się zwroty grzecznościowe („plosie” – „proszę”, „kuje” – „dziękuję”, „dobly” – „dzień dobry”, „dzienia” – „do widzenia”). Jednak w mojej obecności była nieśmiała i mówiła mało i cichutko. Był to czas, kiedy na widok dawno niewidzianej osoby zawstydzała się, wtulając głowę w ramiona. Potrzebowała czasu, aby się do kogoś przyzwyczaić. Po okresie wakacyjnym, kiedy nie widziałam jej trzy miesiące, zaskoczyła mnie bardzo intensywnym rozwojem mowy oraz emocjonalną dojrzałością. Obecnie, w wieku dwóch lat i pięciu miesięcy mówi bardzo dużo, jest gadułą i bardzo szybko przyzwyczaja się do nowych osób, sytuacji, miejsc. Bardzo dużo monologuje, mówi do siebie podczas zabawy, na przykład bawiąc się lalkami: „Tyle lalek! To jedna lalka. To dluga lalka. To salik, telaz bedzie im cielutko (cieplutko). Majom nowe śpódnićki i lajtuzi nowe! O! ta ma dziulke. Tsieba to wyplać!” (o poplamionej sukience lalki). Ania zmiękcza głoski dentalizowane (*s*, *z*, *c*, *dz*, *sz*, *ż*, *cz*, *dż*), głoskę *r* zastępuje głoską *l*. W trudniejszych wyrazach pomija niektóre głoski (np. w wyrazie „cieplutko”,

---

[1] Tekst ułożony przez autorkę.

pomija głoskę *p*, wymawiając – „cielutko"). Są to normalne zjawiska, które pojawiają się w trakcie rozwoju mowy u dwulatka i wiążą się ze słabą sprawnością narządów artykulacyjnych.

Bardzo dużo wypowiedzi Ania kierowała do mojego pieska Mikusia, który bardzo się jej spodobał. Oto jej wypowiedzi: „Oć (chodź), Mikuś"; „Choć, Mikuś, pomozieś mi ziapionć lalke" (chodziło o zapięcie sweterka); „To tluliciek, zobać, Mikuś, lubiś klulićki?".

Tylnojęzykowe głoski *ch* i *k* zaczynają się już pojawiać, szczególnie kiedy Ania słyszy i powtarza poprawnie wypowiedziane wyrazy. Jeszcze często dochodzi jednak do zamiany głoski *k* na *t*, a głoska *ch* jest pomijana najczęściej w nagłosie, na przykład w wyrazie „oć" – „chodź".

Dziewczynka zaskoczyła mnie znajomością kolorów. Na moje pytania dotyczące koloru sukienki lalki odpowiadała poprawnie – „luziowy" (różowy), „ziapka" (żabka) – zielona. Z dużej liczby kredek wybrała te, o które ją poprosiłam – czerwoną i żółtą. Kolorując rysunek, Ania komentuje czynność w sposób następujący: „Zalysować musimy to coś białego". O koszulce misia, którą chciała zdjąć z zabawki, mówi: „Nie wiem, jak to lozieblać". Kiedy nie potrafi nazwać danej rzeczy, używa zaimków wskazujących lub nieokreślonych („to", „coś"). Potrafi również opisać rzecz, której nazwy zapomniała – tak było w przypadku koca. W czasie zabawy na podłodze Ania poprosiła mnie: „Psinieś mi to do siedzienia" (była przyzwyczajona, że na podłodze rozkładałam jej koc). Doskonale zapamiętała jego wzór, ponieważ zaprotestowała, gdy przyniosłam inny niż poprzednio. Kiedy pytam ją o nazwy zwierzątek, odpowiada z nutką ironii: „Nie wieś tego? To psiecieś zirafa". Na pytanie: „Ma długą szyję czy krótką?" dziewczynka odpowiada: „Pewnie, zie dugom" (Ania nie wymawia jeszcze samogłosek nosowych). Podczas zabawy zauważyłam, że interesują ją zwierzęta egzotyczne, wymienia ich nazwy bezbłędnie, lubi się nimi bawić, szczególnie tymi z masy plastikowej, a nie pluszowymi. Wykorzystałam ten fakt i wymyśliłam prosty wierszyk o krokodylu, który Anię bardzo rozśmieszył – i dość szybko nauczyła się go na pamięć:

> Krokodyla ząb zabolał, kiedy gryzł marchewkę.
> Ból minął mu ognisty, gdy poszedł do dentysty.

Oto wersja Ani:

> Klotodyla ziomb ziabolał, kiedy glyś malfefke.
> Ból minoł mu ogniśty, gdy posied do dentyśty.

Obserwując różnych dwulatków, którzy próbują coś narysować na kartce czystego papieru, zauważyłam między nimi różnice ze względu na zainteresowania i pewnie późniejsze zdolności. Pierwsza grupa to dzieci zafascynowane literkami i pismem, które próbują nieudolnie pisać literki i nawet je nazywają. Druga grupa to maluchy, które piszą cyferki i ciągle wszystko liczą. Trzecia – to kreatywni artyści, którzy swoje „bazgrołki" nazywają bardzo konkretnie, na przykład: „To jest słoń". Ania bez wątpienia jest wielbicielką cyferek. Lubi liczyć i wymienia różne cyfry dość chaotycznie (5, 3, 8), ale odróżnia liczbę 1 od wielości. Zawsze pyta: „Gdzie dlugi but?" (lalki). Na kartce rysuje cyfry, szczególnie jedynki, które nazywa z różnym zabarwieniem uczuciowym: od zgrubienia – „jedyna", do zdrobnienia – „jedynka", „jedynećka".

Dziewczynka uwielbia biegać i skakać obunóż, pokazuje, jak chodzi do tyłu. Bardzo sprawnie odpycha się nogami i utrzymuje równowagę na rowerku dwukołowym. Na spacerze na widok boiska wykrzyknęła: „O! boiśko". Powiedziałam do niej: „Aniu, zagramy w piłkę, będziesz bramkarzem". Ona na to: „Nie blamkaziem, tylko kapitaziem". Dziewczynka tworzy niepowtarzalne dziecięce neologizmy. Ma już świadomość językową, którą postanowiłam sprawdzić, kiedy na obrazku zobaczyła rybkę. „Ładna lybka" – powiedziałam, celowo naśladując jej wymowę. Na to Ania wyraźnie poirytowana: „To nie lypka, tylko lypka". Kiedy wymówiłam poprawnie, nawet mnie pochwaliła – „Tak dobzie". Pojawia się również w jej języku autokorekcja, dziewczynka sama poprawia własne wypowiedzi, mówiąc do mamy, zmienia końcówkę fleksyjną: „Mamu, mamu, mamo, pobaw sie zie mnom". W jej wypowiedziach pojawia się zaimek zwrotny – na przykład podczas ubierania na pytanie: „Aniu, co robisz?" odpowiada: „Nie wieś, ubielam sie". Dziewczynka używa już zdań nie tylko oznajmujących, ale także pytających, rozkazujących, wykrzyknikowych: „Co to jeś?", „Oć pobaw sie zie mnom!", „Podnieś to", „Daj to", „Chcie to", „Choć jus do domu, tatuś", „Tego nie wieś" (najczęściej powtarzane). W niektórych zdaniach Ania przestawia szyk wyrazów, na przykład w pytaniu o imię psa: „On sie naziwa jak?".

Uważam, że język, którym Ania się posługuje, jest bardzo bogaty, zdania są rozwinięte, słownik szeroki znaczeniowo, komentarze nad wyraz dojrzałe. Oprócz rzeczowników i czasowników dziewczynka posługuje się przymiotnikami, przysłówkami, zaimkami. Słucha coraz uważniej i stara się naśladować poprawną wymowę słów. Koncentruje się również dłużej na danej czynności, szczególnie kiedy coś ją zainteresuje. Potrafi wskazać i nazwać części ciała, zarówno u siebie, jak i w zabawkach. U Ani rozwinęła się również świadomość osobista, dziewczynka wie, jak się nazywa, gdzie mieszka (wymienia miasto i ulicę). Lubi, kiedy dorosły jej rysuje, wówczas chętnie, choć dość niezdarnie, dorysowuje części ciała, na przykład oczy, w odpowiednim miejscu, jednak w postaci kresek. Potrafi, naśladując, narysować linie poziome i pionowe, rysuje koło, odróżnia tę figurę od innych.

Obserwując Anię, można łatwo dostrzec jej zainteresowania oraz uzdolnienia i tak pokierować rozwojem dziewczynki, aby je kształtować. Dwulatek najczęściej w zabawie pokazuje swoje zainteresowania i bardzo chętnie o nich mówi. Jeżeli jest zmuszany do jakiejś formy aktywności, która mu nie odpowiada, będzie jej unikał. Moje – może zbyt liczne – pytania, które Anię nudziły lub męczyły, dziewczynka zbywała odpowiedzią: „Nie wieś tego?".

Monologi Emily (badanie naukowe)

Dla badaczy zajmujących się rozwojem mowy u dziecka fascynująca stała się obserwacja monologów dziecięcych, dzięki którym starali się chociaż w minimalnym stopniu dotrzeć do „wewnętrznego świata dziecka", do jego myśli.

W 1989 roku Katharine Nelson rejestrowała, a następnie opisała monologi dwuletniej Emily, które były nagrywane przed zaśnięciem dziewczynki, a następnie wnikliwie analizowane. Okazało się, że monologi te w porównaniu z rozmowami, które Emily prowadziła z rodzicami, były o wiele bogatsze, dłuższe, zawierały więcej informacji oraz były bardziej zaawansowane pod względem językowym. Wynikało z nich również, że dwuletnie dzieci nie stosują się biernie do zakazów i nakazów ze strony rodziców. Dzieci w tym wieku myślą o zachowaniach innych ludzi i próbują zrozumieć, dlaczego mają zachować się tak, a nie inaczej. Emily mówiła najczęściej o wydarzeniach z danego dnia i opowiadała o tym, co jeszcze może się wydarzyć. Przed snem porządkowała swój mały świat. Nagrania trwały 15 miesięcy, rozpoczęły się, kiedy Emily miała 21 miesięcy, a zakończyły, gdy ukończyła 36 miesięcy. W tym czasie zauważono, że pojawiały się coraz częściej odniesienia do niej samej, dziewczynka posługiwała się zwrotami: „Emily", „ja", „mnie", kształtowała się u niej zdolność postrzegania siebie jako osoby odrębnej. Następnie coraz częściej w opowieściach Emily pojawiał się świat fantazji. Jej doświadczenia odbywały się w określonym czasie, używała słów odnoszących się do czasu, na przykład: „jutro", „później", „wkrótce". Monologi dziewczynki oraz ich psychologiczna i naukowa analiza ukazały się w wydanej w 1989 roku książce Katherine Nelson pt. *Opowieści z łóżeczka*.

Badacze, których interesuje rozwój mowy, posługują się pojęciem „okres wrażliwości" – oznacza ono czas w trakcie rozwoju, w którym jednostka ma szansę łatwiej przyswoić sobie określone umiejętności niż w innym okresie. Większość umiejętności językowych pojawia się w wieku od półtora roku do piątego roku życia. Niektórzy nazywają ten czas „złotym wiekiem rozwoju mowy".

Jeden z badaczy tego zjawiska, Eric Lenneberg, powoływał się na biologiczne podstawy budowy języka i używał terminu „okres krytyczny" dla nauki języka – czyli etap w trakcie rozwoju, w którym jednostka musi zostać poddana pewnemu doświadczeniu, aby przyswoić sobie określone umiejętności. Według badacza ten czas miałby trwać od półtora roku do okresu dojrzewania, kiedy mózg jest szczególnie przystosowany do przyswajania sobie umiejętności językowych. Eric Lenneberg powołuje się również na przypadki dzieci wychowywanych w odosobnieniu, znalezionych, kiedy miały kilkanaście lat – mimo wielu starań nie zdołały one nigdy przyswoić sobie normalnego języka.

Wszystkie te przykłady podaję przede wszystkim po to, aby uczulić rodziców dzieci mających problemy z przyswojeniem sobie mowy, że czas, w którym podejmiemy odpowiednią terapię logopedyczną, jest bardzo ważny.

Rozdział VI

Od gryzienia do mówienia

Dbając o zdrową dietę swoich dzieci, rodzice myślą przede wszystkim o tym, aby dostarczyć dwulatkowi wszystkich niezbędnych składników potrzebnych do jego intensywnego rozwoju. Martwią się, kiedy maluch nie ma apetytu. Najczęściej nie widzą wtedy związku między sposobem jedzenia, a postępami dziecka w mówieniu. Z logopedycznego punktu widzenia ten związek istnieje i jest bardzo istotny dla rozwoju poszczególnych etapów mowy. Te same mięśnie, które biorą udział w ssaniu, gryzieniu, żuciu i połykaniu są odpowiedzialne za artykulację podczas mówienia.

Każde dziecko już od urodzenia ćwiczy narządy mowy podczas czynności ssania, gryzienia, żucia i połykania. Dzięki temu kształtuje się prawidłowa artykulacja u dzieci. W procesie mówienia czynny udział biorą mięśnie twarzy, jamy ustnej, gardła i przełyku. Szczególną rolę odgrywają mięśnie twarzy, które uruchamiają się podczas przyjmowania pożywienia, wpływają na rozwój narządu żucia, szczęk i uzębienia. Sprawny język odgrywa bardzo ważną rolę w kształtowaniu aparatu artykulacyjnego. Jest narządem pomocniczym tego aparatu, ćwiczonym podczas żucia i ssania. Natomiast dzięki sprawności języka kształtuje się prawidłowa wymowa głosek.

Ssanie jest czynnością odruchową, zalicza się do odruchów bezwarunkowych. Kształtuje się już w życiu płodowym, zanika między pierwszym a drugim rokiem życia. Zdrowy noworodek powinien być zdolny do ssania bezpośrednio po urodzeniu. Podczas ssania ćwiczy narządy artykulacyjne, połykanie, jak również oddech. Jest to pierwsze i najważniejsze przygotowanie do rozwoju mowy, a także profilaktyka późniejszych ewentualnych wad artykulacyjnych.

Bardzo duże znaczenie dla rozwoju mowy oprócz ssania mają również takie czynności, jak: picie z kubeczka, zbieranie pokarmu z łyżeczki, odgryzanie kęsów pożywienia, gryzienie pokarmów stałych i ich żucie. Każda z tych aktywności wpływa na prawidłowe wymawianie poszczególnych głosek, ćwiczy emisję głosu i oddychanie, które jest bardzo ważne podczas mówienia (mówimy na wydechu, który powinien trwać około dwa razy dłużej w procesie mówienia od fazy wdechu). Wiele wad u dzieci z grupy dyslalii wynika z nieprawidłowych nawyków podczas jedzenia i picia. Dwulatek powinien już jeść samodzielnie, gryząc pokarmy stałe, odgryzając siekaczami kęsy jedzenia, ponieważ ma on już dostateczną liczbę zębów. Zachęcajmy go do posługiwania się sztućcami, do picia z kubeczka. Jeżeli używa jeszcze smoczka lub je papkowate pokarmy, koniecznie odchodźmy od tych złych nawyków, ponieważ może to w przyszłości zaowocować wadami wymowy.

Istotną umiejętnością jest picie z kubka. Podczas prawidłowego picia obie wargi, policzki i pozostałe części twarzy aktywnie uczestniczą w dozowaniu płynu i szczelnym utrzymaniu brzegu kubka. Dzięki temu ich ruchy są coraz bardziej precyzyjne i niezależne. Doskonalą się również siła i aktywność mięśni twarzoczaszki, reguluje się oddychanie i połykanie. To zapobiega wadom wymowy, nieprawidłowemu rozwojowi zębów oraz wadom zgryzu.

Sposób, w jaki dwulatek połyka, jest bardzo istotny, ponieważ powoli powinien przechodzić on od tzw. połykania niemowlęcego do dorosłego sposobu połykania, angażując mięśnie zwane żwaczami. Najpóźniej proces ten powinien trwać do trzeciego roku życia. Niemowlęcy sposób połykania polega na wsuwaniu płasko leżącego języka między zęby w momencie przełykania. Wówczas język wykonuje jedynie ruchy poziome w jamie ustnej. Kiedy pojawiają się zęby mleczne, ten sposób połykania powinien zanikać. Wówczas rozwija się połykanie poniemowlęce (dorosłe), kiedy to podczas przełykania język utrzymywany jest przy podniebieniu. Przejście od sposobu połykania niemowlęcego do poniemowlęcego świadczy o tym, że organizm dziecka prawidłowo się rozwija i dostosowuje się do nowych warunków w jamie ustnej. Obserwując swoje dziecko podczas połykania, rodzice mogą zauważyć, czy rozwija się już u niego poniemowlęcy sposób połykania. Maluch ma wówczas zamknięte usta i nie wsuwa języka między zęby.

Przyczyny przetrwałego niemowlęcego sposobu połykania mogą być następujące:

- zbyt długie karmienie dziecka pokarmami papkowatymi,
- karmienie piersią zbyt długo (do drugiego lub trzeciego roku życia),
- jedzenie z pełnymi ustami,
- picie płynów dużymi łykami,
- niedojrzałość układu nerwowego, która powoduje opóźnienie sposobu połykania.

Zbyt długie połykanie niemowlęce może spowodować:

- wady zgryzu;
- nieprawidłowe ułożenie języka podczas artykulacji;
- nieprawidłową wymowę głosek *t*, *d*, *n* oraz szeregu dentalizowanego, seplenienie międzyzębowe;
- zmiany w narządzie żucia.

Specjaliści bardzo krytykują smoczki, które przyczyniają się do wystąpienia później wielu problemów u dzieci. Smoczek jako uspokajacz powinien być używany tylko do trzeciego miesiąca życia. Zbyt długie korzystanie ze smoczka prowadzi do nadmiernego ślinienia oraz wad zgryzu. Dzieci mają również skłonności do trzymania otwartych ust, zauważyłam to u obserwowanych przeze mnie dwulatków. Otwierają usta nawet wtedy, gdy mają drożny nos. Taki nawyk oddychania przez usta jest szkodliwy dla rozwoju mowy, przyczynia się do wad zgryzu. Powoduje zwiotczenie mięśni żwaczy oraz mięśni okrężnych warg, doprowadza do trudności w funkcji żucia. Oddychanie przez usta, szczególnie w sezonie jesienno-zimowym, staje się przyczyną infekcji. Rodzice powinni zwracać uwagę dziecku, aby zamykało usta. Przyczyną oddychania przez usta może być również przerost trzeciego migdałka lub inne problemy natury laryngologicznej, niezbędna jest wówczas wizyta u laryngologa.

Jedzenie pokarmu łyżeczką to bardzo duży krok w drodze do samodzielności. Jeżeli karmimy dziecko łyżeczką, powinniśmy to robić w sposób prawidłowy. Podajemy ją prostopadle do twarzy i kładziemy na dolnej wardze. Dziecko powinno górną wargą ściągnąć pokarm z łyżeczki. Wówczas je w sposób aktywny.

Tempo wzrostu części twarzowej czaszki jest szczególnie intensywne w dwóch pierwszych latach życia. Konsekwencją złych nawyków dotyczących karmienia może być nieprawidłowe napięcie mięśniowe oraz takie nawyki, które mogą w przyszłości spowodować niesystemową realizację dźwięków mowy. Czynność gryzienia związana jest z pojawieniem się zębów mlecznych. Dziecko powinno odgryzać zębami przednimi i przesuwać pokarm w kierunku zębów trzonowych, które powinny przejąć funkcję żucia. Należy unikać odgryzania bocznego, ponieważ ten nieprawidłowy nawyk może doprowadzić do seplenienia bocznego, gdyż zostaje wtedy utrwalony nieprawidłowy tor przepływu powietrza.

Bardzo ważne jest, aby wszystkie czynności fizjologiczne miały prawidłowy przebieg, ponieważ oddziałują one na siebie i tworzą sprawnie działający aparat artykulacyjny.

Logoporady i nie tylko

- *Zwracajmy uwagę na to, aby dziecko odgryzało pożywienie siekaczami.*
- *Zachęcajmy dziecko do gryzienia twardych kawałków pożywienia, na przykład jabłek, skórek chleba czy marchewki (proponuję „marchewkowe frytki" zanurzone w czekoladzie lub miodzie).*
- *Uczmy posługiwania się łyżeczką (w ten sposób dziecko ćwiczy koordynację ręki i precyzję ruchów).*
- *Pozwólmy jeść dziecku również dłońmi, jest to sygnał, że rozwija się umiejętność manipulowania nimi.*
- *Próbujmy z różnymi smakami.*
- *Zachęcajmy dwulatka do samodzielności przy stole, nie zwracajmy uwagi na maniery (na to przyjdzie jeszcze czas).*
- *Zaakceptujmy plamy i bałagan.*
- *Wyłączmy telewizor podczas jedzenia (dziecko je wówczas machinalnie, nawet nie wie, czy mu smakuje, czy się nasyciło, czy jest głodne).*
- *Wprowadzając nowe pokarmy, zwracajmy uwagę na to, czy nasze dziecko nie jest na nie uczulone (najczęstsze alergeny pokarmowe to gluten i laktoza, a objawami alergii jest nie tylko wysypka, mogą nimi być także: częste infekcje, zmęczenie, apatia a nawet opóźnienie w rozwoju mowy lub objawy przypominające autyzm).*
- *Dbajmy o bezpieczeństwo podczas posiłków, dziecko powinno siedzieć prosto, co zapobiega zachłyśnięciu, nie wolno go wówczas zostawiać bez opieki.*

Rozdział VII

Pobudzamy zmysły

Dziecko poznaje świat wszystkimi zmysłami, ich prawidłowa integracja sprzyja rozwojowi całego organizmu, stymuluje również rozwój mowy. Od chwili narodzin, a nawet już w życiu płodowym, rozwija się między matką a dzieckiem komunikacja bez słów. Jednym z bardzo ważnych zmysłów jest tutaj czuły dotyk. Wzmacnia on więź między matką a dzieckiem oraz ojcem a dzieckiem. Jeśli maluch prawidłowo odbiera bodźce dotykowe, uczy się, że dotyk, przytulenie i bliskość drugiej osoby to doznania przyjemne. Dotyk uspokaja, odpręża, sprawia, że dziecko czuje się bezpiecznie. Bliska więź fizyczna z opiekunami jest bazą dla przyszłych relacji i rozwoju empatii. Jeżeli dziecko ma zaburzone odbieranie bodźców dotykowych, nawiązanie bliskiej więzi może być trudne.

Dotyk jest źródłem informacji istotnych dla świadomości własnego ciała, planowania motorycznego. Badania naukowe wykazały, że doznania niemowlęcia związane z dotykiem i byciem dotykanym są bardzo ważne i niezbędne dla dobrego rozwoju fizycznego, poznawczego i emocjonalnego. Umiejętność wczuwania się w przeżycia innych ludzi oraz kontrola zachowań emocjonalnych wymagają rozwiniętej kory okołooczodołowej. Kształtuje się ona po urodzeniu, ale okres krytyczny w jej rozwoju przypada na pierwsze trzy lata życia dziecka. Ten rozwój, jak podkreślają badania, nie przebiega automatycznie, ale zachodzi pod wpływem relacji międzyludzkich, a najważniejszy w nich jest dotyk. Bardzo istotne jest częste przytulanie dzieci. Jeżeli do trzeciego roku życia dziecko nie ma możliwości nawiązania prawidłowych relacji społecznych, szanse na nadrobienie tych strat i rozwój tej istotnej części mózgu pozostają niewielkie. Aby zagwarantować niemowlętom oraz na przykład dwulatkom dobry rozwój poznawczy, powinniśmy je regularnie masować, przytulać i zapewnić im jak najwięcej czułego dotyku.

W ostatnich latach dużo miejsca poświęca się w fachowej literaturze tematowi zmysłu propriocepcji, który pozostaje w ścisłym związku ze zmysłem dotyku. Odpowiada on za odbieranie bodźców związanych z ruchem i położeniem ciała. Nazywany jest zmysłem pozycji lub zmysłem mięśniowym. Zawdzięczamy mu świadomość własnego ciała – układ ten informuje nas, gdzie w przestrzeni znajduje się nasze ciało i jak względem siebie położone są jego części, wpływa także na prawidłowe napięcie mięśniowe. Jego receptory umiejscowione są między innymi w skórze. Układ proprioceptywny wprowadza spokój i organizację wewnętrzną w nasze zmysły[1]. Kiedy układy proprioceptywny i dotykowy dobrze funkcjonują, dziecko dobrze się czuje ze swoim ciałem, porusza się płynie i swobodnie. Jeśli ich działanie jest zaburzone, dziecko mylnie interpretuje bodźce, na przykład dotykowe, jest nieporadne w działaniu, poruszaniu się, ma zaburzone poczucie własnego ciała. Takie dziecko będzie unikało wszelkiej aktywności, co jeszcze bardziej pogłębi jego deficyty, również te dotyczące rozwoju mowy.

Propriocepcja i dotyk dostarczają układowi nerwowemu informacji z zakresu dużej i małej motoryki, co jest niezbędne do kierowania ruchem. Pomagają również wyczuwać, jaki nacisk mięśni potrzebny jest do chwytania, trzymania czy podnoszenia przedmiotów oraz z jaką siłą należy wykonywać te czynności. Każdy ruch wymaga prawidłowego napięcia mięśniowego, płynnej koordynacji pracy dużych mięśni oraz dobrego poczucia ciała. Mowa jest również ruchem i wymaga niezwykle precyzyjnych i szybkich ruchów w obrębie narządów artykulacyjnych oraz czucia ich ułożenia – tzw. kinestezji narządów artykulacyjnych. Jeżeli kinestezja jest zaburzona, będą u dziecka występowały objawy opóźnionego rozwoju mowy.

Kontrola nad motoryką małą umożliwia używanie mięśni palców rąk i stóp, języka, jamy ustnej i warg w celu wykonywania precyzyjnych czynności. U niektórych dzieci występuje tzw. nadwrażliwość dotykowa, dlatego często unikają one używania rąk, mają trudności

---

[1] C.S. Kranowitz, *Nie-zgrane dziecko*, Harmonia Universalis, Gdańsk 2012, s. 85.

z opanowaniem wielu codziennych czynności, na przykład posługiwania się sztućcami, wiązania sznurowadeł. Nadwrażliwość dotykowa może dotyczyć okolicy twarzy. Takie dzieci nie lubią być dotykane w tym miejscu, nie chcą gryźć stałych pokarmów, mają odruchy wymiotne.

W rozwoju dziecka bardzo ważne są ruchy rąk, na opuszkach palców znajduje się wiele receptorów dotykowych, dzięki temu ręce mają dużą wrażliwość. Reprezentacja rąk w korze somatosensorycznej jest duża. Dziecko, które wycofuje się z dotykania i używania rąk, ogranicza ilość informacji sensorycznych docierających do mózgu. Dzięki takim informacjom dzieci poznają świat i rozwijają się, a jednocześnie rozwija się wówczas mowa. W późniejszym etapie rozwoju dziecka, tzw. szkolnym, wszystkie zajęcia wymagają sprawnego posługiwania się rękami. Jeżeli dziecko nie wykształci tych umiejętności, czeka je wiele szkolnych niepowodzeń .

Taka sama prawidłowość istnieje w sferze motoryki małej języka i ust. Dziecko, którego dieta jest uboga, które spożywa posiłki tylko o papkowatej konsystencji i odmawia gryzienia twardych pokarmów, jest pozbawione stymulacji w obrębie ust. Nie rozwija prawidłowego napięcia mięśniowego, które jest potrzebne do wykształcenia mowy. Nie kształtuje również w odpowiedni sposób tej części kory somatosensorycznej, która stanowi reprezentację twarzy, ust i języka. Równie ważną czynnością jest planowanie motoryczne (praksja) – to nieuświadomiona zdolność zaplanowania i wykonania nowej, wcześniej niećwiczonej umiejętności. Zależy ona od właściwego zaplanowania i rozpoznania bodźców dotykowych, dobrego poczucia ciała i właściwej pracy zmysłu równowagi. Maluch poruszający się niepewnie będzie miał trudności z planowaniem i organizowaniem działań i będzie się z nich wycofywał. Nie będzie sięgać, łapać, manipulować. Czasami obserwujemy u niektórych dzieci dziwne zachowania: wielokrotnie powtarzają pewne ruchy, dotykają tych powierzchni i faktur, które dostarczają im kojących wrażeń dotykowych, trzymają kurczowo pewne przedmioty lub zabawki. Robią tak, aby zapewnić mózgowi oraz zmysłom równowagi i propriocepcji niezbędną stymulację[2]. Jeżeli dzieci mają problemy z praksją, czyli planowaniem motoryki, będą miały

---

[2] T. Górska, A. Grabowska, J. Zagrodzka, *Mózg a zachowanie*, WN PWN, Warszawa 2012, s. 283–284.

trudności z praksją oralną, czyli planowaniem ruchów narządów artykulacyjnych, co jest niezbędnym czynnikiem do rozwoju mowy.

Układ dotykowy i proprioceptywny łączą się ze zmysłem wzroku. Dziecko dotykające przedmiotów zapamiętuje ich cechy oraz wzajemne relacje. Badania pokazują, że w obrębie pnia mózgu i wzgórza dochodzi do integracji informacji wzrokowych z bodźcami dotykowymi oraz proprioceptywnymi. Ta integracja sprawia, że możemy wizualizować kształt i fakturę przedmiotu oraz to zapamiętać. Neuroobrazowanie pracy mózgu wykazało bardzo silną aktywację ośrodków wzrokowych przez stymulację dotykową, zachodzącą szczególnie podczas ruchu.

Dzieci, u których występują opisane przeze mnie zaburzenia funkcjonowania zmysłów, mogą się zachowywać według otoczenia dziwnie. Dziecko z nadwrażliwością dotykową może odbierać dotyk jako nieprzyjemny i go unikać (w skrajnych przypadkach dotyk może być nawet bolesny). Dziecko z podwrażliwością dotykową nie będzie natomiast otrzymywało wystarczającej ilości bodźców, więc może je sobie dostarczać w różny sposób, na przykład przez gryzienie siebie, szczypanie.

Prawidłowo działający zmysł dotyku, co potwierdzają doświadczenia rodziców i badania naukowe, jest podstawą harmonijnego rozwoju dziecka oraz podstawą do prawidłowego rozwoju mowy.

Logoporady i nie tylko

- *Dbaj o dobry i czuły kontakt ze swoim dzieckiem, często je przytulaj i mów, że je kochasz.*
- *Stosuj „dziecięce masażyki", delikatnie masuj dziecko, na przykład po kąpieli, zwracając szczególną uwagę na masaż stóp i paluszków u rąk.*
- *Obserwuj, jak dziecko reaguje na dotyk, czy chętnie się przytula, czy unika kontaktu.*
- *Dotykajcie razem przedmiotów o różnych fakturach, jednocześnie opisując je słowami, na przykład: „mięciutki misio", „twardy, drewniany klocek", „cienki, gładki papier" itp.*
- *Używając rąk, bawcie się różnymi konsystencjami, na przykład piaskiem, wodą, mąką, ryżem (zwracaj uwagę również na doznania termiczne: zimno, ciepło, mokro, sucho).*
- *Bosymi stopami biegajcie po piasku, trawie (jest to najlepszy masaż receptorów dotykowych).*
- *Podczas posiłków wąchajcie je, opisujcie smak spożywanych potraw.*

- *Postaraj się, aby codzienne czynności, wyjścia na spacer, były okazją do rozwijania wszystkich zmysłów u Twojego dziecka.*
- *Obserwuj, jak dziecko rozwija się pod względem ruchowym (dwulatek powinien być już dość sprawny ruchowo: biegać, skakać obunóż, chodzić do tyłu, schodzić i wchodzić po schodach, dostawiając nogę).*
- *Jeżeli coś Cię niepokoi w zachowaniu dziecka, szukaj uporczywie pomocy i odpowiedzi na dręczące pytania i wątpliwości (istnieją metody pomagające przywrócić funkcjonowanie zaburzonych zmysłów, należą do nich między innymi metoda integracji sensorycznej – SI, hipoterapia, dogoterapia).*

Rozdział VIII

Dźwięki i ich znaczenie

Żyjemy w świecie bombardowanym przez dźwięki, których decybele przekraczają wszelkie dopuszczalne normy. Hałas otacza nas zewsząd, szczególnym problemem jest w dużych miastach. Głośno jest w autobusie, supermarkecie, szkole, przedszkolu, na ulicy, coraz głośniej jest niestety również w naszych domach, ze względu na działające telewizory, sprzęty elektroniczne, telefony komórkowe. Nadmierny hałas nie tylko wpływa niekorzystnie na słuch, ale także powoduje zmęczenie lub rozdrażnienie. Niektóre dzieci cierpią na nadwrażliwość słuchową, dla nich hałas jest nie do zniesienia, często zatykają sobie uszy. Rodzice powinni unikać zabierania dwulatków w miejsca bardzo hałaśliwe: do galerii czy supermarketów, a jeżeli muszą, powinno to trwać jak najkrócej. Również rozmowa z dzieckiem powinna się odbywać w pomieszczeniu wyciszonym, aby maluch mógł się skupić i usłyszeć, co do niego mówimy.

Mowa nie rozwinie się prawidłowo, jeżeli dziecko będzie miało uszkodzony słuch. Dlatego jedno z pierwszych badań, do których namawia logopeda, to badanie słuchu. Narząd słuchu spełnia bardzo ważną rolę, ponieważ umożliwia rozróżnianie dźwięków mowy. Najbardziej sprzyjającym środowiskiem przewodzenia dźwięków jest woda, dlatego główny narząd słyszenia – ucho wewnętrzne – wypełniony jest płynem. Drgania stanowią pobudzenia akustyczne, od liczby drgań na sekundę zależy odczucie wysokości dźwięku. Słyszymy dźwięki od 16 do 20 tysięcy drgań na sekundę. Jednak z badań wynika, że są pasma dźwięków, których słyszenie jest szczególnie istotne dla poprawnej artykulacji głosek – to pasma w przedziale od

125 do 750 Hz. Zakres ten związany jest również z funkcją narządu równowagi. Przebadana grupa dzieci z zaburzeniami artykulacji nie słyszała dźwięków mowy właśnie w tym przedziale. Stąd wniosek, że problemy z prawidłową wymową niektórych głosek wynikają nie z niesprawnego aparatu artykulacyjnego, a z niewykształconego słuchu fonematycznego, odpowiedzialnego za słyszenie głosek[1]. Dlatego logopedzi podczas terapii zwracają bardzo dużą uwagę na trening słuchowy, najpierw u młodszych dzieci – słuchu awerbalnego, a następnie słuchu fonematycznego u dzieci starszych. U dzieci z dyslalią trudności w nabywaniu sprawności artykulacyjnych mogą się wiązać z niewykształconą autokontrolą słuchową. Na ten problem w 1998 roku zwrócił uwagę Leon Kaczmarek, wyróżniając słuch fonematyczny, który określał jako rozróżnianie wypowiedzi cudzych, oraz słuch fonetyczny, czyli rozróżnianie wypowiedzi własnych.

Jak się okazuje, w procesie przyswajania mowy najważniejsza jest zdolność różnicowania wysokości dźwięków. Alfred Tomatis uważał, że zdolność rozróżniania dźwięków rozwija się stopniowo i trwa przez kilka lat. Zahamowanie bądź zaburzenie tego procesu, na przykład przez okresowe choroby ucha czy negatywne przeżycia emocjonalne, może mieć duży wpływ na umiejętność percepcji dźwięków mowy.

Alfred Tomatis, specjalista w zakresie audio-psycho-fonologii, jako pierwszy zwrócił uwagę na potrzebę przetwarzania słuchowego (słuchania), czyli uwagi słuchowej. Zauważył, że głos zawiera jedynie te częstotliwości, które są percypowane przez ucho. Zwracał uwagę na rolę percepcji prawousznej, która pełni istotną rolę w rozwoju językowym i poznawczym dziecka. Tomatis wykazał, że najskuteczniej dźwięki języka przesyła ucho prawe, ponieważ kieruje je bezpośrednio do półkuli lewej, w której znajdują się ośrodki mowy. Jak wykazują badania, lewa półkula nie musi być dominująca w regulowaniu czynności języka, ale jeżeli tak jest, to proces komplikuje się, gdy dźwięki wpadają najpierw do lewego ucha, przechodzą do podośrodka językowego w prawej półkuli, aby następnie przejść przez ciało modzelowate i dotrzeć do lewej półkuli. Dlatego w badaniu logopedycznym istotne jest ustalenie lateralizacji.

Częstotliwość dźwięków ważnych dla rozumienia mowy mieści się w przedziale od 500 do 4000 Hz. Niektóre głoski mają składowe to-

---

[1] Z.M. Kurkowski, *Zastosowanie metody Tomatisa w diagnostyce i terapii logopedycznej*, „Logopedia" 2013, nr 42, s. 255–267.

nów, które osiągają częstotliwości do 7000 Hz, np. głoska *f* – jej słyszenie może być zaburzone w hałasie. Rozwój słyszenia odbywa się etapami. Pierwszy nazywany jest płodowym, kiedy to około siódmego miesiąca ciąży płód zaczyna słyszeć głos matki, bicie jej serca oraz niskie tony instrumentów muzycznych. Drugi etap rozpoczyna się po urodzeniu i trwa do około czwartego, piątego roku życia. Jednak dojrzewanie narządu słuchu i dróg nerwowych łączących ucho wewnętrzne z ośrodkami słyszenia w mózgu może się odbywać jedynie w działaniu, pod wpływem bodźców słuchowych dochodzących do ucha i odbieranych przez nie.

Upośledzenie słuchu w stopniu lekkim (35–54 dB) powoduje dość duże opóźnienie rozwoju mowy. Poszczególne stadia rozwoju mowy pojawiają się wówczas dużo później, niż to opisywałam w poprzednich rozdziałach. W takim przypadku dopiero około trzeciego roku życia dziecko zaczyna wymawiać słowa, a zdania nie pojawiają się wcześniej niż około czwartego roku. Mowa malucha jest niewyraźna i z licznymi błędami artykulacyjnymi. Liczba słów używanych przez dziecko jest ograniczona, głos ma inne zabarwienie. Konieczne jest wówczas postępowanie leczniczo-rehabilitacyjne, bez niego wady te pozostają.

W rozdziale o dźwiękach mowy chciałabym poruszyć bardzo istotny temat. Panuje obecnie moda na naukę języka obcego od najwcześniejszych lat życia. Najlepsze warunki do tego istnieją oczywiście w rodzinach dwujęzycznych. Otóż wielu specjalistów z dziedziny logopedii odradza zbyt wczesne wprowadzanie równocześnie dwóch języków obcych. W pełni popieram ten pogląd, ponieważ miałam możliwość obserwacji takich dzieci, które są obecnie dorosłymi osobami. Rezultat jest taki, że nie opanowały one żadnego języka w stopniu dobrym. Zdarzają się wyjątki – dzieci uzdolnione lingwistycznie. Do dwulatka, który poszczególne etapy mowy przechodzi w sposób prawidłowy, do trzeciego roku życia powinno się mówić w jednym języku. W tym czasie dziecko nie powinno również oglądać ani słuchać bajek w obcym języku. Niektórzy twierdzą, że najlepszy czas na naukę dodatkowego języka to okres między szóstym a dziewiątym rokiem życia.

Bardzo istotną rolę w rozwoju mowy odgrywają wyrazy dźwiękonaśladowcze, czyli onomatopeje. Ćwiczą one słuch awerbalny. Dla dwulatka w warunkach domowych można wymyślić wiele zabaw z wykorzystaniem onomatopei. Proponuję następujące:

1. Naśladujemy odgłosy ulubionych zwierzątek dziecka, możemy się posłużyć maskotkami, pacynkami lub obrazkami zwierząt. Odgłosy

zwierząt wplatamy w krótkie bajeczki o nich i zachęcamy dziecko do powtarzania odgłosów (krowa – „mu", kotek – „miau", piesek – „hau" itp.). Można również słuchać odgłosów zwierząt przy zamkniętych oczach i powtarzać je.

2. Słuchajcie razem domowych odgłosów (pukania do drzwi, lejącej się wody, odkurzacza, pralki, gotującej się wody). Nazywaj te zjawiska, zwracaj uwagę na kierunek, z którego dochodzi dźwięk (identyfikacja źródła dźwięku doskonale ćwiczy słuch).
3. Obserwuj swojego dwulatka, jest to czas, kiedy pewne dźwięki wywołują u dziecka lęk (pisałam o tym w rozdziale poświęconym emocjom) – takich dźwięków starajcie się unikać.
4. Opowiadając lub czytając książeczkę, wykorzystaj środki prozodyczne mowy, nawet przesadnie, wyraźnie akcentuj, stosuj zmienną intonację, mów szeptem; cechy prozodyczne mowy dzieci naśladują najszybciej.
5. Podczas zabaw wykorzystuj różne instrumenty muzyczne, dla dwulatka najlepszy jest bębenek („bum, bum"). Jeden bębenek może być większy, drugi mniejszy. Na dużym gramy głośno, na małym cicho („ciii..."). Następnie dziecko nas naśladuje.
6. Dobrym pomysłem są bajeczki akustyczne, których można posłuchać przed snem, należy wybierać odpowiednie dla dwulatka, krótkie, z dobrze brzmiącymi odgłosami, zgodne z zainteresowaniami dziecka.
7. Słuchajcie razem muzyki, śpiewajcie piosenki. Ma to duży wpływ na rozwój słuchu, wspomaga rozwój mowy. Wybierajcie dla dwulatka piosenki o prostym rytmie, łatwo wpadające w ucho i o zrozumiałych, krótkich tekstach. Ważną umiejętnością jest dla dziecka identyfikacja i różnicowanie melodii oraz słów dziecięcych piosenek i wyliczanek. Najpopularniejsze to na przykład:

Jadą, jadą misie,
La, la, la...
Śmieją im się pysie!

Pamiętajmy, że dziecko, które ma problemy z mową, od tych krótkich sylab naśladujących odgłosy przejdzie do wypowiadania słów i wyrazów. Tym etapem łączącym są właśnie onomatopeje, słowa krótkie, niosące znaczenie, ale łatwe pod względem artykulacyjnym.

Rozdział IX

Proste zabawy i dobór odpowiednich pomocy

Dwa latka to idealny wiek do naśladowania zachowań dorosłych. Dwulatek jest bacznym obserwatorem, rodzice są dla niego całym światem i wzorem do naśladowania. W tym wieku dzieci bardzo chętnie bawią się z dorosłymi, zabawy z rówieśnikami nie wychodzą im najlepiej. Kiedy obserwowałam Anię podczas zabawy, najczęstsza prośba, którą dziewczynka kierowała do mamy, brzmiała: „Pobaw się ze mną, mamo!".

Każda zabawa powinna być okazją do nawiązania kontaktu emocjonalnego z dzieckiem oraz do rozwijania mowy. Chciałabym zwrócić uwagę rodziców i opiekunów na bardzo istotny element podczas zabaw i rozmów z dwulatkiem. Jest nim utrzymanie kontaktu wzrokowego w trakcie rozmowy z dzieckiem. Mówiąc do dwulatka, powinniśmy się zniżyć, przykucnąć, wziąć go na kolana, na ręce, czyli przyjąć taką pozycję, aby dziecko widziało naszą twarz, układ naszych ust, ruchy warg, języka. Należy pokazać dziecku nasze artykulatory.

Jest to bardzo istotne, ponieważ w procesie rozwoju mowy zmysł wzroku odgrywa wielką rolę. Podczas rozmowy ważne są również gesty, mimika twarzy. Wzrost dwulatka to średnio około 80–90 cm. Kiedy dorosły stoi, mówiąc do dziecka, jego głos staje się gorzej słyszalny, niewyraźny. Z punktu widzenia psychologicznego dorosły dominuje nad dzieckiem.

Odpowiednia pozycja podczas rozmowy z dwulatkiem (narządy artykulacyjne w zasięgu wzroku dwulatka)

Mówmy zawsze do dziecka, a nie przy nim czy nad nim!

Zwróciłam uwagę na ten problem, ponieważ często obserwuję małe dzieci, które spacerując ze swoimi rodzicami, zadają im pytania lub opowiadają o czymś z wielkim entuzjazmem. Niestety rodzice najczęściej się spieszą, rzadko kucają przy dziecku, chcąc go zrozumieć czy dokładniej usłyszeć. Często widzę natomiast scenkę, w której rodzic nie zwraca uwagi na szczebioczącego maluszka, najczęściej rozmawiając w tym czasie przez telefon komórkowy.

Zwracajmy uwagę na odpowiednią postawę podczas rozmów i zabaw z dzieckiem!

Proponuję proste, logopedyczne zabawy, które stymulują rozwój mowy dwulatka. Rodzice podczas nich powinni stwarzać miłą i luźną atmosferę, dziecko nie może odczuwać, że jest to obowiązek lub przymus.

1. „Robimy śmieszne minki" – mama uśmiecha się szeroko, następnie robi tzw. dziubek, namawia dziecko, aby naśladowało jej miny – ćwiczymy w ten sposób narządy artykulacyjne.

2. „Język w ruch" – ćwiczymy język, próbujemy dosięgnąć językiem brody, nosa, zachęcamy do wylizywania talerza po smacznym posiłku.

3. „Dmuchamy i chuchamy” – ćwiczymy oddech, robimy banieczki, dmuchamy na piórka, wiatraczki, chuchamy w dłonie, na szybę.

4. „Powtarzamy samogłoski, naśladujemy układ ust” – mama siedzi na podłodze naprzeciwko dziecka, wyraźnie wymawia poszczególne samogłoski w następującej kolejności: *a*, *u*, *i*, *o*, *e*, *y*, zachęcając malucha do ich powtarzania. Aby zachęcić dziecko do powtarzania, możemy połączyć naśladowanie samogłosek z zabawami, na przykład: „leci samolocik – iii...”, „usypiamy lalę, misia – aaa...”.

5. „Naśladujemy odgłosy zwierząt" – dziecko, siedząc obok mamy, naciska paluszkami dźwiękową zabawkę wydającą odgłosy zwierząt, wspólnie naśladujemy te odgłosy, łącząc je z obrazkami zwierzątek. Zabawki dźwiękowe rozwijają słuch u dzieci, wybierajmy takie, w których teksty są w języku polskim.

6. „Dziecięce śpiewanie w samochodzie" – samochód to dobre miejsce na słuchanie dziecięcych piosenek, wspólne śpiewanie zachęci malucha do powtarzania słów. Postarajmy się przez jakiś czas słuchać tej samej piosenki. Najlepsze do ćwiczeń logopedycznych są takie, w których występują powtórzenia motywów melodycznych, rytmów i słów, oraz te, które mają formę echa (powtórzenie śpiewu za dorosłym). Wspólne śpiewanie piosenek jest ważnym ćwiczeniem wspomagającym rozwój mowy.

7. „Zabawa w odnajdywanie tych samych dźwięków" – do pojemników, na przykład po jajkach niespodziankach, wkładamy groch, ryż, guziki. Zadaniem dziecka jest dopasowanie tych samych dźwięków; jest to ćwiczenie słuchu awerbalnego.

8. „Skąd dochodzi ten dźwięk?" – dziecko siedzi w pokoju, w którym wcześniej został ukryty tykający budzik, zamyka oczka i zgaduje, skąd dochodzi odgłos.

9. „Opowiastki z udziałem pacynki" – dzieci uwielbiają, kiedy pacynka opowiada krótkie historyjki, lepiej je wówczas zapamiętują. Opowiadajmy w ten sposób ulubione bajeczki dziecka, sprawiajmy, aby pacynka zachęcała dwulatka do dialogu. Logopedzi często wykorzystują pacynki do ćwiczeń terapeutycznych, szczególnie z maluchami, ponieważ pacynka jest równorzędnym partnerem dla dziecka, pozwala także kierować uwagę dziecka na to, co mówi, a nie – jak mówi, dzięki czemu unika się lęku przed mówieniem.

10. „Paluszkowe pacynki" – namawiam do zabawy pacynkami, które dziecko wkłada na paluszki – w zestawie jest 10 zwierzątek. Bawiąc się z dzieckiem, można połączyć opowiadanie bajeczki lub wierszyków, których bohaterami są zwierzątka, z ćwiczeniem motoryki małej (paluszków).

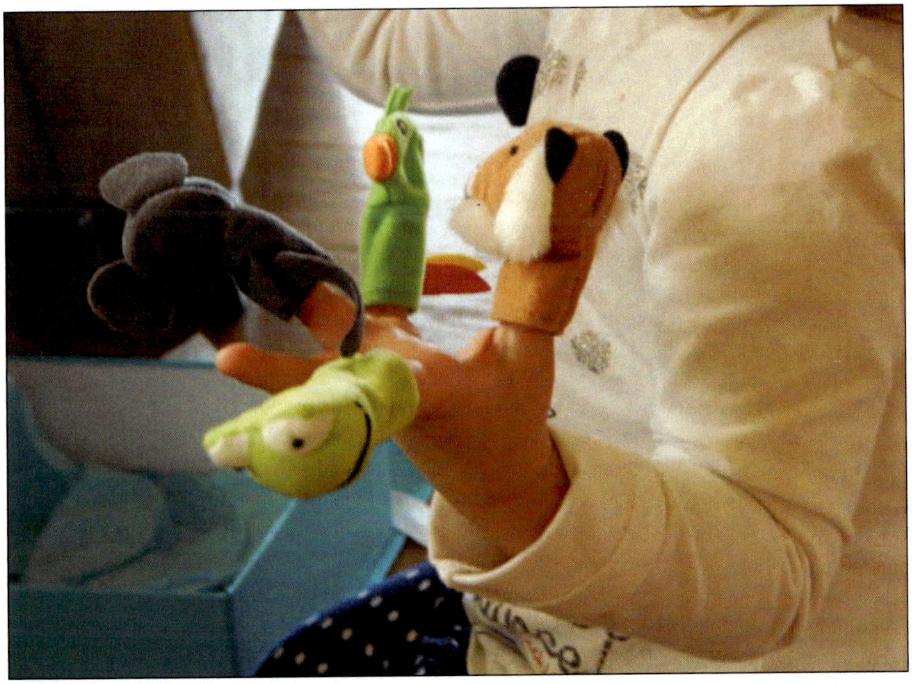

Proponuję proste wierszyki dla dwulatków, zachęcam także rodziców do wymyślania krótkich rymowanek:

Biedronka

Biedronka królową owadów jest,
dumnie nosi kropki swe.
Czyści je co rano nad konwaliową polaną.
Dba o nie bardzo tak,
Bo to jej największy skarb.

Myszka

W małym domku na narzędzia,
szara myszka sobie mieszka.
Poczuła się przytulnie i bezpiecznie.
Może tutaj spędzę zimę – koniecznie!
Nazbieram zapasów moc,
przyniosę herbatę i ciepły koc.
Jestem samotna, więc dla rozrywki
zaproszę brata i dwie kuzynki.
Tak przemieszkamy razem do wiosny,
by się pobawić w słonku radosnym[1].

11. „Rymowanki, zgadywanki" – są zawsze polecane przez logopedów jako ćwiczenia słuchu fonematycznego. Są łatwo zapamiętywane przez dzieci ze względu na rym i rytm oraz bogatą prozodię. Dwulatek, nawet jeśli nie będzie ich umiał powtórzyć, to na pewno zapamięta (jeżeli będą powtarzane systematycznie). Stopniowo będzie dopowiadał, na przykład końcowe słowa, sylaby, które się rymują, aż pewnego dnia zadziwi nas i dokończy cały wierszyk. Pamięć i skojarzenie obrazu ze słowem ćwiczą również zgadywanki. Słowa „zgadywanka", „niespodzianka" bardzo intrygują małe dzieci. Aby ułatwić dwulatkowi odgadnięcie zwierzątka, należy przygotować obrazki zwierząt.
A oto kilka propozycji zgadywanek:

Kiedy go głaszczesz,
liże Ci rączkę.
Choć szczeka jak groźny zwierz,
to tylko... (pies)

Miauczy i mruczy,
ma miękkie futerko.
Jego ulubiony napój to mleko! (kot)

Ma kolorowe skrzydełka,
pije nektar słodki.
Jest lekki jak pyłek, bo to... (motylek)

---

[1] Teksty obu wierszyków ułożone przez autorkę.

Ma długie uszy,
kica po łące, bo jest... (zającem)[2]

12. „Wierszyk połączony z ruchem" – ruch połączony ze słowem również pobudza ośrodki mowy. Proponuję krótki wierszyk o dwulatku, przy którym maluch może wykonywać proste ruchy, pokazywane mu przez rodziców:

Dwulatek, dwulatka
Całuska poślij, zrób też pa, pa.
Uśmiech szeroki i skacz raz, dwa.
Zakręć się w kółko, pod boki złap.
Jesteś już duża(y), dzielna(y) jak skrzat[3].

13. „Rurka, flecik i ich wykorzystanie" – namawiajcie dzieci do picia płynów przez rurki, ponieważ z logopedycznego punktu widzenia niesie to duże korzyści dla rozwoju mowy. Podczas picia przez rurkę wargi są wysunięte do przodu i zebrane w dziubek, maluch angażuje ważne dla artykulacji mięśnie (mięsień okrężny ust, mięśnie twarzoczaszki). Picie przez rurkę kształtuje również długość fazy wdechu i wydechu oraz pionizuje język (pionizacja języka jest niezbędna do prawidłowego wymawiania wielu głosek). Zachęcam również do gry na małych, drewnianych flecikach (według prof. Jadwigi Cieszyńskiej dziecko ćwiczy wówczas oddech, a jednocześnie pamięć sekwencyjną, kinestetyczną i słuchową oraz stymulację pól motorycznych lewej i prawej półkuli mózgowej, które są odpowiedzialne za ruchy dłoni; ma to ogromne znaczenie dla pobudzenia pól motorycznych, zawiadujących artykulacją). Oczywiście gra na flecie dwulatka to forma zabawy, w postaci dmuchania i wydobywania dźwięków.

[2] Teksty zagadek ułożone przez autorkę.
[3] Tekst ułożony przez autorkę.

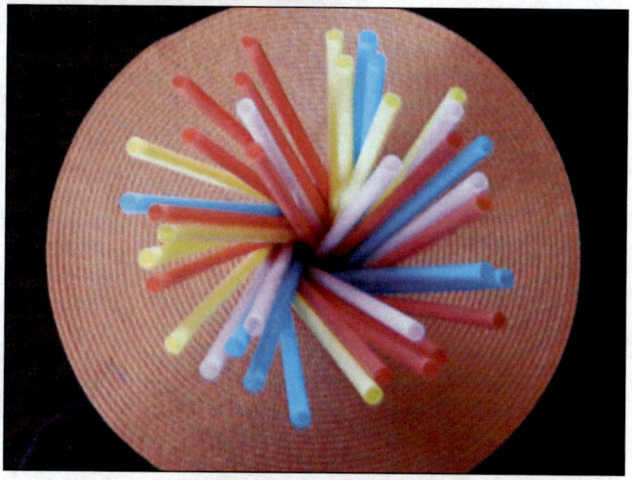

14. „Gniotki i małe rączki" – to ćwiczenie napięcia dłoni oraz sprawności paluszków. Możemy do tego wykorzystać małe pacynki, zwane przez dzieci „gniotkami". Pamiętajmy, że wszystkie ćwiczenia usprawniające ręce są bardzo ważne, ponieważ w koordynacji mózgowej ręka znajduje się blisko ośrodków mowy.

15. „Malunki, rysunki" – zachęcajmy maluszka do rysowania i malowania paluszkami. Służą do tego specjalne antyalergiczne farby. W tej dziedzinie dwulatek znajduje się w okresie tzw. bazgraniny, trzyma kredkę w charakterystyczny sposób, określany przez specjalistów jako chwyt nożycowy (przeciwstawia kciuk pozostałym palcom). Jego prace mogą być bardzo twórcze. Podczas takich za-

baw ćwiczy napięcie mięśniowe, koordynację ręka – oko, motorykę małą. Zabawy plastyczne wzmacniają pamięć, koncentrację, spostrzegawczość, uwagę, a te umiejętności są niezbędne dla rozwoju mowy, są też okazją do nazywania kolorów (dobrym sposobem jest porównywanie tych samych kolorów: „Ja mam czerwoną bluzkę, która kredka jest czerwona?").

16. Inne ćwiczenia na usprawnienie rąk:
   - mycie rąk,
   - zapinanie guzików,
   - wkładanie guzików do skarbonki,
   - czesanie się,
   - lepienie z plasteliny, modeliny,
   - zabawy w kuchni, lepienie ciasta, szarpanie sałaty.

Związek między rozwojem mowy a motoryką dużą jest oczywisty. Wykorzystajmy energię dwulatka, zabierajmy go na plac zabaw. Powstają obecnie bardzo nowoczesne miejsca, gdzie można znaleźć między innymi: labirynt z wikliny, ścieżkę bosych stóp wysypaną żwirem, piaskownicę z mąką, gdzie dzieci zagniatają ciasto. Ale te tradycyjne place również wspierają wszechstronny rozwój, na przykład:

- zjeżdżalnia – rozwija równowagę i koordynację, balansowanie ciałem, uczy upadania;
- huśtawka – stymuluje układ przedsionkowy (zmysł równowagi), uczy orientacji w przestrzeni, ćwiczy koordynację poszczególnych części ciała (w domowych warunkach takie same funkcje spełnia huśtanie dziecka w kocyku, a latem w ogrodzie na hamaku);
- karuzela – ćwiczy zmysł równowagi;
- równoważnia – ćwiczy mięśnie nóg, kształtuje postawy społeczne;
- piaskownica – doskonali precyzję ruchów rąk i dłoni, ćwiczy zmysł dotyku, uczy rozpoznawania faktur oraz współpracy;
- rowerek trójkołowy – dziecko, pedałując, wykonuje ruchy naprzemienne, które stymulują pracę prawej i lewej półkuli, podobną funkcję spełniają zabawy podczas wspinania się na drabinkę czy przemieszczanie się na czworakach;
- rowerek do odpychania – uczy utrzymania równowagi.

Obecnie w sklepach pojawiło się dużo książeczek z ćwiczeniami dla dwulatków pod różnymi tytułami: *ABC 2-latka*, *Ja sam*, *2-latek zgaduje i koloruje*. Większość z tych pozycji reklamuje się, twierdząc, że spełnia funkcje edukacyjne. Dobór odpowiednich pomocy jest bardzo istotny – przejrzałam większość znajdujących się obecnie w sprzedaży i okazuje się, że niektóre zadania znacznie przewyższają poziom przeciętnego dwulatka. Przeznaczone są dla dzieci o wiele starszych. W publikacjach tego typu znajduje się również dużo mądrych i rozwijających ćwiczeń. Postaram się niektóre z nich omówić na podstawie zadań wykonywanych przez małą Anię.

Większość poleceń brzmi: „Pomaluj rysunek". Otóż pamiętajmy, że dwuletnie dziecko wypełni rysunek dość niezgrabnie (jest to okres „bazgraniny"), więc będzie to zupełnie naturalne. To zadanie wymagające precyzji i cierpliwości, a to nie są mocne strony malucha w tym wieku.

Prawie w każdej książeczce są kolorowe naklejki, które należy odpowiednio umieścić na obrazku. To dobre ćwiczenie na sprawność paluszków i spostrzegawczość oraz ćwiczenie stosunków przestrzennych. Wybierajmy książeczki z przejrzystymi, dużymi obrazkami, do których dołączonych jest niewiele naklejek, wyraźnie rozmieszczonych. Dwulatek gubi się i denerwuje, kiedy ma wybrać malutką naklejkę z kilkudziesięciu umieszczonych na jednej stronie.

Jakie zadania sprawiały trudność Ani?

- dopasowanie kształtów figur geometrycznych, kwadratu (aneks, s. 102);
- odróżnianie wzorów – paski, kropki (aneks, s. 103);
- połączenie przedmiotów w pary – zeszytu, długopisu oraz szpulki i igły (Ania nie znała przedmiotów: szpulki i igły) (aneks, s. 96);
- umieszczenie naklejki nad łóżkiem i na łóżku (dziewczynka lepiej określa stosunki przestrzenne, bawiąc się małymi, drewnianymi mebelkami, bez problemu wypełnia takie polecenia, jak: „Posadź laleczkę na krzesełku", „Połóż pod stołem" itp.) (aneks, s. 95);
- wskazanie najwyższego oraz najniższego drzewa (stopniowanie przymiotników) (aneks, s. 100).

Dziewczynka doskonale poradziła sobie z następującymi zadaniami:

- dopasowanie odpowiedniego przedmiotu jako nakrycia głowy dziewczynki (aneks, s. 97);
- odróżnianie: mały, duży, dopasowanie wielkością pokrywek do garnków (aneks, s. 98);

- wskazanie paluszkiem, co znajduje się daleko, a co blisko (aneks, s. 104);
- pokazanie, w której butelce znajduje się więcej płynu, a w której mniej (aneks, s. 101);
- odróżnianie emocji: smutny, wesoły (aneks, s. 99).

Ćwiczenia przekraczające możliwości dwulatka:

- wykonywanie precyzyjnych ruchów, związanych z motoryką małą (polecenia typu: „Dokończ rysunek");
- odnalezienie drogi w skomplikowanym labiryncie;
- odróżnianie figur geometrycznych (pierwszą figurą rozpoznawaną przez dziecko jest koło);
- dopasowywanie cyferek;
- złożone polecenia, z użyciem podobnie brzmiących słów, na przykład „nad", „na";
- rozumienie stopniowania przymiotników;
- klasyfikacja przedmiotów, szczególnie nieznanych dziecku;
- znajomość kolorów;
- wycinanie nożyczkami.

Wśród dwulatków znajdą się i takie dzieci, dla których wszystkie zadania mogą być proste do wykonania. Należy wówczas zwiększyć stopień trudności zadań, aby dziecko się nie nudziło. Pamiętajmy, aby zabawa i rozwiązywanie zadań zawsze były dla dziecka przyjemnością. Chwalmy malucha za każde poprawne rozwiązanie, ale nie krytykujmy za błędy, aby nie zniechęcić go do zabawy. Pamiętajmy, że dwulatek szybko się nudzi, a jego koncentracja jest ograniczona, dlatego nie wolno go przemęczać. Wybierajmy odpowiedni moment na zabawy edukacyjne, kiedy dziecko jest wypoczęte.

Rozdział X

A co z telewizją i komputerem?

Współczesne pokolenie dwulatków to dzieci wychowane w otoczeniu urządzeń elektronicznych: telewizorów, komputerów, telefonów komórkowych. Naśladując dorosłych, udają rozmowy telefoniczne, uwielbiają „cykać" na klawiaturze komputera, obsługują tablety, włączają drukarki. Jest to dla nich środowisko naturalne. W ich słowniku – obok wyrazów: „mama", „tata" – pojawiają się: „latop" („laptop"), „tabet" („tablet"), „tefelon" („telefon"). Większość specjalistów uważa, że małe dzieci nie powinny korzystać z takich urządzeń, zwraca uwagę, że wpływają one niekorzystnie na rozwój maluchów.

Nasuwa się pytanie, czy takie małe dziecko powinno oglądać telewizję. Wszystko zależy od zdrowego rozsądku rodziców, od zwyczajów panujących w domu, ponieważ dziecko naśladuje zachowania dorosłych. Jest źle, gdy telewizor włączony jest w domu non stop i zagłusza wszystkich domowników. Badania dotyczące tego zagadnienia wykazały, że małe dzieci, które spędzają wiele godzin przed telewizorem, rozwijają się wolniej, mają mniejszy zasób słów, trudniej im się skupić. Maluchy spędzające dużo czasu przed ekranem mają mniej okazji do kontaktu z rówieśnikami, są mniej sprawne fizycznie. Telewizja tłumi również dziecięcą wyobraźnię, ponieważ podsuwa gotowe obrazy.

Zdaniem psychologów dwulatek może spędzać przed telewizorem najwyżej 30 minut dziennie, trzylatek nie więcej niż godzinę (w dwóch porcjach). Dziecko poniżej 18 miesięcy w ogóle nie powinno oglądać telewizji.

W dzisiejszym świecie nie wyeliminujemy takich urządzeń z życia dziecka. Starajmy się jednak korzystać z nich w taki sposób, aby pomagały w rozwoju naszych dzieci.

Logoporady i nie tylko

- *Dobierajmy odpowiednie bajki dla dwulatka – ważne, aby nie było w nich przemocy, mrocznej atmosfery, aby uczyły pozytywnego spojrzenia na świat.*
- *Sprawdź, czy osoba opiekująca się dzieckiem podczas Twojej nieobecności w domu pozwala maluchowi na wielogodzinne oglądanie telewizji (taki sposób opieki nie rozwinie mowy dwulatka).*
- *Nie włączajcie telewizora na pocieszenie – dla malucha lepszym pocieszeniem jest przytulenie przez mamę czy tatę.*
- *Oglądajcie bajki razem, będzie to okazja do ich komentowania, zadawania pytań dotyczących na przykład bohaterów, ich imion, przygód, przeżywanych emocji itp.*

Rozdział XI

Miłość dobra na wszystko!

Każde dziecko, aby mogło się prawidłowo rozwijać pod względem fizycznym i psychicznym, potrzebuje miłości i poczucia bezpieczeństwa. Małe dziecko powinno otrzymywać dużo uczucia i bliskości. Obydwoje rodzice odgrywają w tej sferze ważną rolę, jednak rola matki w życiu malucha jest szczególna. Do 18. miesiąca życia dziecko nie odczuwa prawie swojej tożsamości, jest ciągle „związane pępowiną" z matką. Dopiero dwulatek mówi o sobie w pierwszej osobie. Obecność matki, szczególnie w pierwszych latach życia dziecka, jest tak ważna, że niektórzy określają ją w następujący sposób:

> Fizyczna obecność matki jest dziecku do 3 roku życia bardziej potrzebna do prawidłowego rozwoju fizycznego i psychicznego niż pokarm czy nawet sen[1].

Dotyczy to oczywiście również rozwoju mowy. Przeprowadzono wiele badań psychologicznych, które jednoznacznie stwierdziły opóźnienia w rozwoju mowy u dzieci oddanych do bardzo dobrze wyposażonych, drogich żłobków. Powodem tych opóźnień był brak matki, ponieważ dzieci najszybciej przyswajają mowę w tzw. złotym okresie rozwoju mowy, który trwa od urodzenia do trzeciego roku życia.

W psychologii znane jest pojęcie epizodów wspólnej uwagi, czyli takich sytuacji, w których dorośli i dzieci równocześnie skupiają się

---

[1] T. Zaleski, *Opóźniony rozwój mowy*, dz. cyt., s. 18.

na pewnym obiekcie i razem się nim zajmują. Kiedy matka i dwuletnie dziecko bawią się różnymi zabawkami, maluch wybiera jedną zabawkę, która go szczególnie zainteresowała. Wówczas cała uwaga matki powinna się skupić na tej zabawce. Rosyjski psycholog, Lew Wygotski, zwracał szczególną uwagę na takie właśnie epizody, które pozwalają dorosłemu na wyjście od pozycji dziecka i wprowadzenie nowych informacji w optymalnym czasie, w którym maluch może je przyswoić. Mogą one odegrać kluczową rolę w inicjowaniu i przyswajaniu mowy. Im więcej dzieci spędziły czasu na epizodach wspólnej uwagi, tym większy był ich postęp w opanowaniu mowy. Dlatego bawiąc się z dzieckiem, powinniśmy się dopasować do sygnałów płynących od niego, takich jak: kierunek spojrzenia, pokazywanie, mimika.

Zachęcam rodziców do stosowania rodzicielstwa bliskości, którego zasady opisane zostały w *Księdze rodzicielstwa bliskości*. Jej autorami jest małżeństwo – lekarz pediatra i pielęgniarka. Głównymi założeniami rodzicielstwa bliskości jest uczuciowe i intuicyjne zaangażowanie się w wychowanie dzieci i powrót do tradycji. Najważniejsze założenia rodzicielstwa bliskości brzmią następująco:

- bądź blisko od porodu,
- karm piersią,
- noś dziecko przy sobie,
- słuchaj płaczu swojego dziecka,
- śpij przy dziecku,
- strzeż się trenerów dzieci, czyli pełnych dobrych chęci doradców, którzy przekazują następujące pouczenia: „Nie noś dziecka często, bo się przyzwyczai”, „Daj się dziecku wypłakać”[2] itp.

Podzielam ich opinię, że rodzicielstwo bliskości uodparnia dzieci na wiele emocjonalnych zaburzeń, a sposób, w jaki opiekujemy się dziećmi w pierwszych latach życia, wpływa znacznie na to, jakimi staną się dorosłymi.

[2] W. Sears, M. Sears, *Księga rodzicielstwa bliskości. Przewodnik po opiece i pielęgnacji dziecka od chwili narodzin*, Mamania, Warszawa 2013, s. 12.

Zakończenie

Pisząc poradnik logopedyczny dla rodziców, chciałam zwrócić uwagę na wiele ważnych aspektów związanych z przebiegiem i rozwojem mowy u dwulatków oraz na to, jak trudny i skomplikowany jest to proces – uzależniony od prawidłowego funkcjonowania wielu czynników w organizmie: emocji; układu nerwowego, artykulacyjnego, oddechowego, ruchowego; integracji zmysłowej; a nawet od sposobu spożywania posiłków. Organizm ludzki zawsze należy traktować w sposób holistyczny, szczególnie jeśli chodzi o rozwój mowy. Nieprzypadkowo wybrałam właśnie ten wiek, kiedy mowa intensywnie rozkwita – to również czas, w którym rodzice w znaczny sposób mogą wpłynąć na jej prawidłowy przebieg oraz stymulować jej rozwój. Mam nadzieję, że zdołałam zwrócić uwagę również na niepokojące objawy związane z rozwojem mowy oraz takie momenty, kiedy rodzice powinni być czujni i szukać pomocy u specjalistów.

Jeśli moja praca przyczyni się do rozpowszechnienia wiedzy logopedycznej wśród rodziców i opiekunów małych dzieci, będę szczęśliwa i usatysfakcjonowana.

Bibliografia

Cieszyńska J., *Od słowa przeczytanego do wypowiedzianego. Droga nabywania systemu językowego przez dzieci niesłyszące w wieku poniemowlęcym i przedszkolnym*, Harmonia, Kraków 2000.

Cieszyńska J., Korenda M., *Wczesna interwencja terapeutyczna*, Wydawnictwo Edukacyjne, Kraków 2007.

Eliot L., *Co tam się dzieje? Jak rozwija się mózg w pierwszych pięciu latach życia*, Media Rodzina, Poznań 2003.

Górska T., Grabowska A., Zagrodzka J., *Mózg a zachowanie*, WN PWN, Warszawa 2012.

Grabias S., *Mowa i jej zaburzenia*, „Logopedia" 2000, nr 28.

Hogg T., Blau M., *Język dwulatka*, Świat Książki, Warszawa 2012.

Ilg F.L., Ames L.B., Baker S.M., *Rozwój psychiczny dziecka od 0 do 10 lat. Poradnik dla rodziców, psychologów i lekarzy*, Gdańskie Wydawnictwo Psychologiczne, Sopot 2013.

Kaczmarek L., *Nasze dziecko uczy się mowy*, Wydawnictwo Lubelskie, Lublin 1966.

Kozołub A., *Podstawy anatomii i fizjologii układu nerwowego* [w:] T. Gałkowski, G. Jastrzębowska (red.), *Logopedia. Pytania i odpowiedzi*, t. 1, Uniwersytet Opolski, Opole 2003.

Kranowitz C.S., *Nie-zgrane dziecko*, Harmonia Universalis, Gdańsk 2012.

Kułakowska Z., *Wczesne uszkodzenia dojrzewającego mózgu*, Folium, Lublin 2003.

Kurkowski Z.M., *Zastosowanie metody Tomatisa w diagnostyce i terapii logopedycznej*, „Logopedia" 2013, nr 42.

Kurkowski Z.M., Szkiełkowska A., Ratyńska J., Markowska R., Mularzuk M., *Zastosowanie metody Tomatisa w terapii osób z zaburzeniami komunikacji językowej. Doniesienia wstępne*, „Audiofonologia" 2002, nr 22.

Löwe L., *Wychowanie słuchowe. Historia – metody – możliwości*, WN PWN, Warszawa 1995.

Piaget J., *Jak sobie dziecko świat przedstawia* [w:] L. Wołoszynowa (red.), *Materiały do nauczania psychologii*, seria 2, t. 3, PWN, Warszawa 1967.

Sack O., *Mężczyzna, który pomylił swoją żonę z kapeluszem*, Zysk i S-ka, Poznań 2008.

Schaffer H.R., *Psychologia dziecka*, WN PWN, Warszawa 2014.

Sears W., Sears M., *Księga rodzicielstwa bliskości. Przewodnik po opiece i pielęgnacji dziecka od chwili narodzin*, Mamania, Warszawa 2013.

Spionek H., *Psychologia rozwojowa*, PWN, Warszawa 1968.

Rocławski B., *Poradnik fonetyczny dla nauczycieli*, WSiP, Warszawa 1986.

Zaleski T., *Opóźniony rozwój mowy*, Państwowy Zakład Wydawnictw Lekarskich, Warszawa 1992.

Aneks

Ćwiczenia dla dwulatka

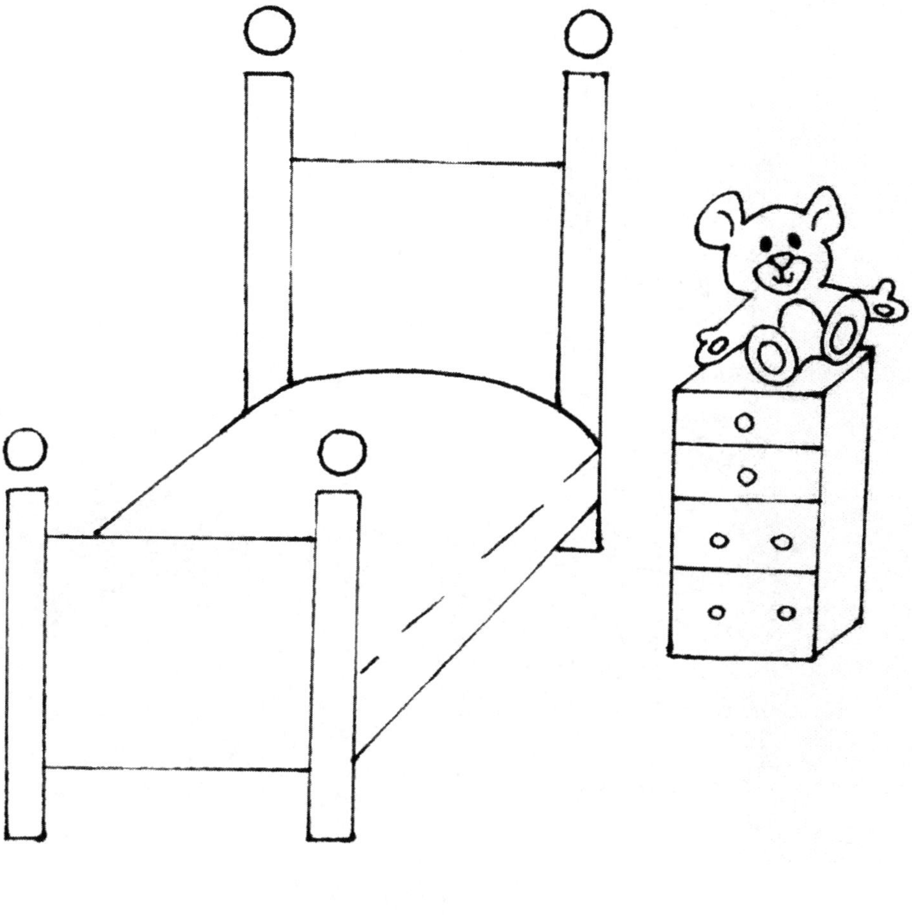

To łóżko Ani.
Przyklej naklejkę[1] z kołderką na łóżku,
a naklejkę z lalą nad łóżkiem.

[1] W książeczkach dla dzieci do tego typu ćwiczeń dołączone są kolorowe naklejki. Więcej na ten temat piszę na s. 82.

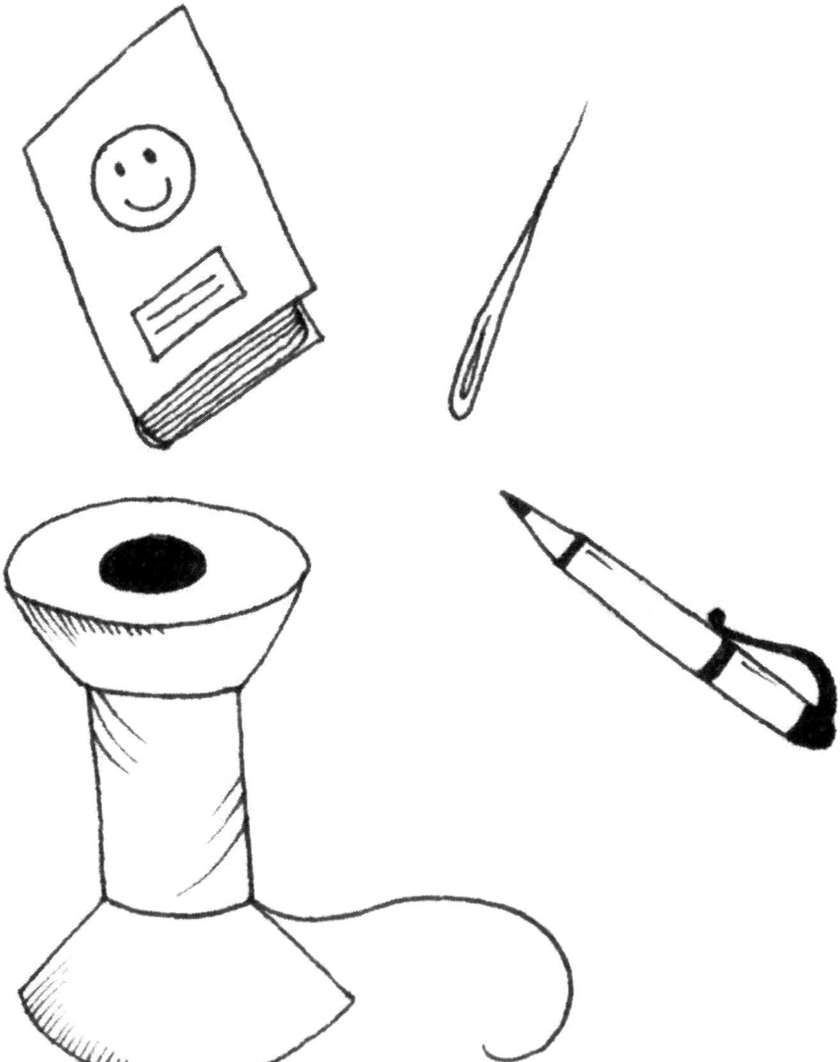

Dopasuj przedmioty do siebie.

Pokaż, co powinna założyć na głowę dziewczynka.

Pokaż, która pokrywka pasuje do dużego naczynia,
a która do małego.

Wskaż, który pajacyk jest wesoły, a który smutny.

Wskaż najwyższe i najniższe drzewo.

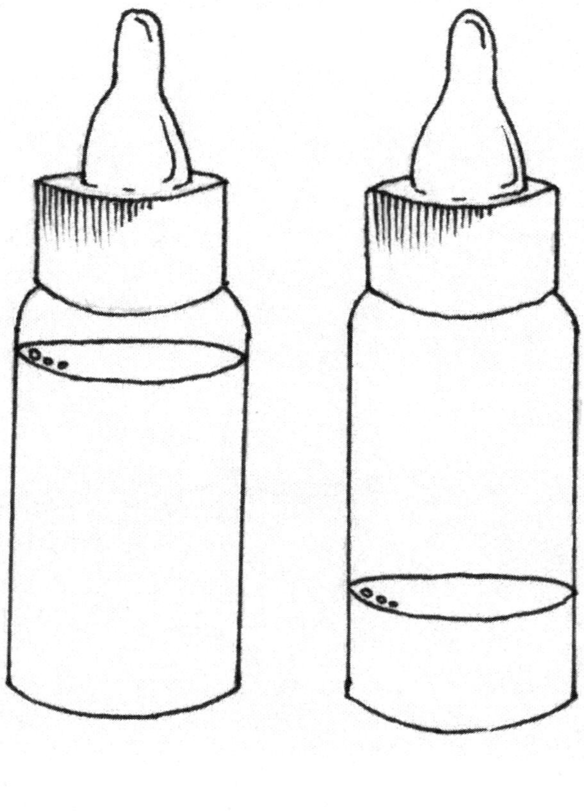

Pokaż paluszkiem, gdzie jest więcej soku.

W sukience Ani jest dziura.
Pokaż, którą łatkę ma przyszyć mama.

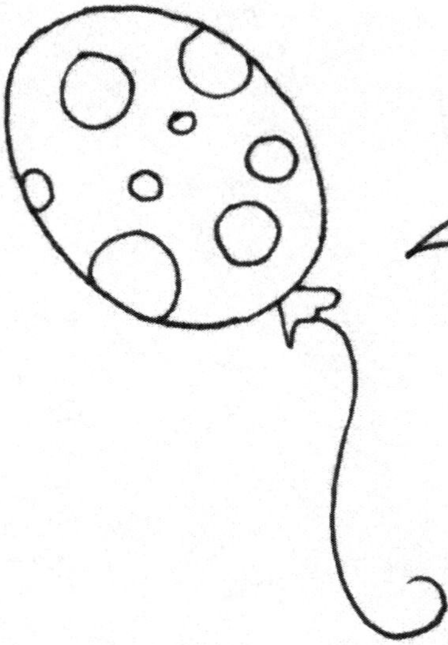

Przedmioty, które widzisz, są w paski czy w kropki?

Wskaż paluszkiem żabkę, która siedzi daleko od kwiatka,
oraz tę, która siedzi blisko.